**Plastisches Gestalten
mit Lehm und Ton**

Iris Florstedt
Jennifer Horeni

Plastisches Gestalten mit Lehm und Ton

78 Farbfotos
31 Zeichnungen
von Lutz-E. Müller

VERLAG
EUGEN
ULMER

Die Deutsche Bibliothek – CIP-Einheits-
aufnahme

Plastisches Gestalten mit Lehm und Ton /
Iris Florstedt ; Jennifer Horeni. Zeichn. von
Lutz-E. Müller. - Stuttgart (Hohenheim):
Ulmer, 1998
  ISBN 3-8001-7810-9

Die Anleitungen in diesem Buch wurden
sorgfältig erprobt – eine Haftung kann jedoch nicht übernommen werden.

© 1998 Eugen Ulmer GmbH & Co.
Wollgrasweg 41, 70599 Stuttgart
(Hohenheim)
Printed in Germany
Lektorat: Dr. Angelika Eckhard
Herstellung & DTP: Silke Reuter
Druck & Bindung: Friedrich Pustet,
Regensburg

Vorwort

In Ihren Händen liegt ein Buch über die Erden und uns.

Es soll Ihnen Mut machen, Beobachtungen, Gefühle und Gedanken, die Sie sonst mit Worten beschreiben, einmal in den Formen und Farben der Erden Ton und Lehm mitzuteilen.

Wie viele Zufälle unseren Vorfahren halfen, Lehm und Ton für sich als formbares Material zu entdecken, können wir heute nur vermuten. Vielleicht war es der Fußabdruck in der lehmigen Erde, in dem sich das Wasser viel länger sammelte als in dem sandigen Boden. Vielleicht aber war es auch eine Tierfährte. Berührend bleibt, daß sich unsere Vorfahren aus diesen Erden zu allererst Idole formten. Seit die Menschen seßhaft wurden, entstanden Gefäße aus Ton für die Vorräte und Behausungen aus Lehm für Mensch und Tier.

Jede Ortschaft, die auf eine lange Geschichte verweisen kann, ist stolz auf die Gefäße der ersten Siedler, ihre „Tonwurzeln", mit denen sie ihre Gründung meist sehr genau belegen kann – ihre Häuser aus Lehm sind längst wieder zu Erde geworden.

So hat dieses Material bis in unsere Zeit seinen Reiz für die Menschen behalten und das Zusammenspiel von Erden, Wasser, Luft und Feuer findet kein Ende.

Dresden, im Frühjahr 1998
Iris Florstedt
Jennifer Horeni

Inhalt

Vorwort 5

Lehm und Ton 7
Entstehung und Wesen 7
Erkennen der bildsamen Erden 11

Finden von Ideen 12

Zur Gestaltung 18
Grundsätzliches 18
Das Relief – Übergang von der
Malerei zur Plastik 21

Arbeiten mit Lehm 22
Einfache Lehmprüfverfahren 22
Aufbereitung des Lehms 22
Plastiken aus Lehm 25
  Relief 25
  Rundplastik 32
Bauen mit Lehm 36
  Papierlehmhütte 36
  Strohlehmhütte 39
  Spielhäuschen ohne tragende
  Hilfskonstruktion 41
  Lehmhäuschen mit Holzständer-
  werk 43
Backöfen 47
  Ofentüren 47
  Wetterschutz 47
  Hangofen 50
  Kuppelofen ohne Hilfskon-
  struktion 50

Runder Backofen über ein Ruten-
gerüst gebaut 53
Lehmofen über eine Hartfaser-
platte gebaut 53
Backofen aus Steinen mit Lehm
gemauert 53
Das Backen 56
Spielzeug aus Lehm 57
  Puppenhaus 57
  Hüttenzelt 58
  Murmelbahn 58
  Kaufmannsladen 58
Farbige Oberflächengestaltung 58

Arbeiten mit Ton 63
Aufbereitung des Tons oder Kauf
der gebrauchsfertigen Masse 63
Arbeitsplatz und Werkzeug 64
Techniken der Formgebung –
Gefäß 66
  Ton treiben 66
  Aufbau mit Wülsten 68
  Aufbau mit Platten oder Streifen
  aus Ton 70
  Der Tonklumpen 72
Aufbautechniken – Plastik/Figur 73
  Die Töpferfigur 73
  Die Plattentechnik 74
Plastische Oberflächengestaltung 77
  Drücken, Ritzen, Schneiden 77
  Aufgelegtes und Wölbungen 79
  Raumgreifendes 79

Farbige Oberflächengestaltung 81
  Die Engobe 81
  Die Unterglasurmalerei 83
  Die Glasur 84
  Der Glasurauftrag 87
  Die Fayence 87
Brennen in industriellen Brenn-
öfen 88
  Das Trocknen 88
  Der Schrühbrand 89
  Der Glattbrand (Glasurbrand) 89
Brennen in der freien Natur 91
  Der Tonvulkan 92
  Der Muldenbrand 94
  Die Papieröfen 96
  Der Kaminbrand 99
  Der Rakubrand 100

Dank 104
Anhang 105
  Literatur 105
  Bezugsquellen 106
  Register 107
  Bildquellen 108

Lehm und Ton

Entstehung und Wesen

Lehm und Ton entstehen durch die Verwitterung von feldspathaltigen Urgesteinen. Granit und Basalt sind uns wohl davon am bekanntesten.

Der Unterschied von **Lehm** und **Ton** zu den anderen Erden besteht in ihrer Plastizität. Die nasse Masse gleitet schleimig durch die Finger, etwas trockener läßt sie sich formen. Diese Eigenschaft wird durch die enthaltenen Tonminerale bewirkt. Unter ihnen ist der Kaolin das wichtigste Mineral. Als Porzellanerde bezeichnet, enthält er das Kaolinit, ein plättchenförmiges Mineral.

Wie in der Skizze dargestellt, entstehen über dem Urgestein die Kaolinlager. Diese werden auch **Primärtone** genannt. Sie sind immer weiß. Wenn Wasser den weißen Kaolinton von seinem Entstehungsort wegschwemmt, nimmt es auch andere feinste Teilchen, z.B. Metalloxide, Sand, Kalk und Humus mit. Lagert sich dieses Gemisch ab, bilden sich Sekundärlagerstätten.

Bei der Lehmentstehung spielt sich etwas großteiliger das Gleiche ab. Es können aber nach der Art ihrer Entstehung verschiedene Lehme unterschieden werden.

Berglehme entstehen wie Primärtone. Sie bleiben einfach am Ort ihrer Entstehung liegen. Unter ihnen ist am Berghang das Gestein zu finden, aus dem sie entstanden sind. Oft enthält der Lehm noch kleinere oder größere Steine, Bergstückchen, die nicht verwittert sind. Berglehme sind gute Baulehme.

Geschiebelehme entstanden während der letzten Eiszeit. Die Eisberge schoben Erdmaterial vor sich her und ließen es im Flachland liegen. Dabei bildeten sich auch Lehmlagerstätten. Geschiebelehme enthalten oft Kalk, der auch mitgeschoben wurde. Ist zu viel davon im Lehm enthalten, setzt er die Bindigkeit der Tonteilchen so weit herab, daß der Lehm für größere Bauwerke nicht mehr verwendet werden kann.

Das Wetter zersetzt das Gestein. Bleibt es am Ort des Zerfalls liegen, bilden sich Primärlagerstätten, wird es transportiert, entstehen Sekundärlagerstätten von Lehm und Ton.

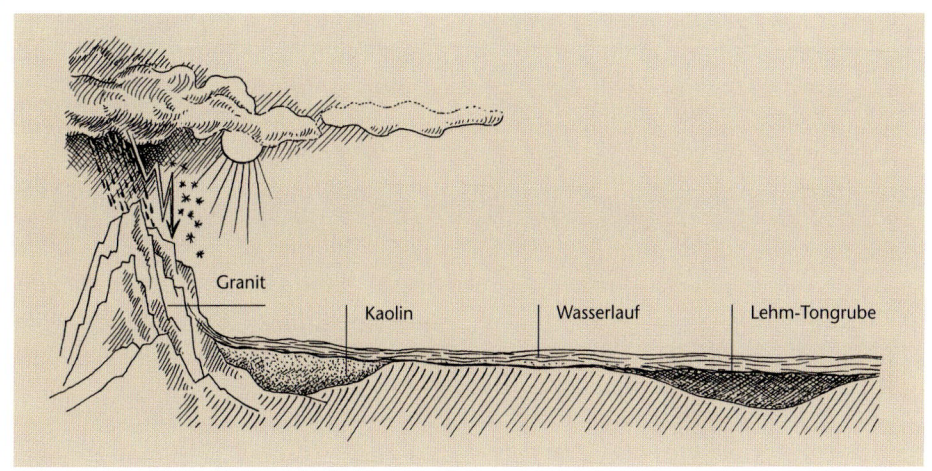

Granit — Kaolin — Wasserlauf — Lehm-Tongrube

Schwemmlehme entstanden wie Sekundärtone. Aus Geschiebelehmen spülte Wasser die feinen Lehmbestandteile fort. Große Steine ließ es liegen und Kalk wurde ausgewaschen. So entstand ein natürlich aufgearbeiteter Lehm, der sich gut verwenden läßt.

Auelehme sind die jüngsten Lehme. Sie entstehen auch heute noch. Wasserläufe spülen feinste Teilchen aus und transportieren sie weiter. Bei Hochwasser ist manchmal dieses gelbbraune Wasser in den Flüssen zu beobachten. An ruhigen Stellen und auch in Flußdeltas wird dann der Lehm wieder abgesetzt. So entstehen neue Lagerstätten, die aber oft auch mitgetragene organische Stoffe enthalten. Ist der Lehm damit zu sehr durchsetzt, riecht er modrig und taugt nicht zum Bauen.

Ausgeschlemmte feinste Tonteilchen haben sich in einer Pfütze gesammelt. Beim Austrocknen ziehen sie sich zusammen und wölben sich nach oben. Das mitgeschlemmte Eisenoxid ist an seiner hellbraun-orangen Farbe zu erkennen.

Lößlehm hat eine luftige Entstehungsgeschichte. Die Stürme der Eiszeit sammelten die feinen Ton-, Schluff- und Sandteilchen von überall ein und lagerten sie dort ab, wo ihnen die Puste ausging. Lößlehme haben einen geringen Tonanteil, trotzdem aber eine hohe Bindigkeit und sind dadurch gut zu verwenden.

Die **Sekundärtone** haben entsprechend den noch mitgeschwemmten anderen Bestandteilen unterschiedliche Färbungen. Sie reichen von weißlich über gelb und braun bis zu schwarz. Eisenoxid ist der hauptsächliche Farbgeber der Tone. Ist wenig davon im Ton enthalten, so zeigt er sich gelb. Mit zunehmender Menge entstehen immer dunklere Farbtöne, die von Orange bis Tiefbraun reichen. Schwarze Färbungen entstehen durch Manganoxid.

Im Gegensatz zu Lehm enthält der Ton einen reicheren Anteil an Kaolin. In diesem Kaolin zeichnet das Aluminiumoxid für die Brennbarkeit der Tone verantwortlich. Wir unterscheiden fette und magere Tone. Die fetten sind reich an Tonmineralen und bringen so die besseren Brennqualitäten mit.

Steinzeugton ist ein farbiger, plastischer, für das Drehen geeigneter Ton. Er sintert, d.h. der Scherben wird wasserdicht, bei 1 100 bis 1 300 °C. Die farbige Oberflächengestaltung bleibt bei solchen Temperaturen beschränkt. Kobaltbemalungen, Lehmglasuren und Salzanflüge sind in unseren Breiten typisch.

Steingutton ist ein weißbrennender, plastischer Ton, dessen Scherben porös brennt. Mit Brenntemperaturen von 940 bis 1 200 °C ist er besonders für die in der Hobbykeramik beliebten Oberflächengestaltungen mit keramischen Farben und Glasuren geeignet.

Die gelblich bis roten **Ziegeltone** werden durch ihren Eisengehalt charakterisiert. Sie eignen sich für die Aufbaukeramik und eine Bemalung, die auf einem farbigen Grund ihre Schönheit entfalten kann (siehe Engobe). Bei etwa 1 100 °C brennt der Ziegelton zu einem porösen, manchmal auch dichten Scherben. Verantwortlich dafür sind die Eigenschaften des entsprechenden Grubentones.

So verschieden die Beimengungen auf dem Weg vom Ursprung zur Sekundärlagerstätte sind, so unterschiedlich sind auch die Lehme und Tone in ihrem Wesen.

Lehm und Ton sind Kinder der Mutter Erde. Der Lehm ist der „große", der Ton der „kleine Bruder". Zwei Dinge unterscheiden ihre Charaktere wesentlich. Zum einen ihre Bildsamkeit. Der Ton besitzt eine größere Anzahl klebriger Tonteilchen und kann so sehr feingliedrig und dünnwandig verarbeitet werden. Die Bildsamkeit des

Drei verschiedenfarbige Tone im nassen, lufttrockenen und gebrannten Zustand.

Lehms ist dagegen viel geringer, so daß er kompakter und dicker geformt werden muß. Allgemein kann gesagt werden, da, wo die Wanddicke des Tons aufhört, fängt die des Lehms an. Natürlich gibt es auch noch eine Übergangszone. Sie liegt bei einer Materialdicke von 5 bis 10 cm.

Der andere Unterschied liegt in ihrem Verhältnis zum Feuer. Der „Große" wird durch seine Kompaktheit an der Luft ausreichend fest und muß nicht gebrannt werden. Der „Kleine" ist durch seine Zartheit im lufttrockenen Zustand sehr zerbrechlich und wird durch das Feuer oder die Glut wieder zu einer Art Stein verwandelt, somit fest und außerdem noch wasserbeständig. So ist er trotz seiner Zartheit von großer innerer Festigkeit. Nur das Zerschlagen kann ihn zerbrechen.

Der Lehm dagegen bleibt wasserlöslich, was günstig aber auch manchmal einschränkend sein kann. Außerhalb von Innenräumen bedarf er des Wetterschutzes. Diese Wasserlöslichkeit hat aber auch einen großen Vorteil. Soll der Lehm in seiner derzeitigen Form nicht mehr bestehen bleiben, so kann er einfach wieder eingeweicht und aus dem gleichen Lehm wieder Neues geformt werden. Wird er jedoch gar nicht mehr benötigt, kann er der Mutter Erde wieder zurückgegeben werden. In Blumenkästen oder Gärten wird er, mit Humuserde gemischt, den Pflanzen ein guter Nährboden sein.

Durch seine Kompaktheit reizt der Lehm besonders zu großen Arbeiten. Er ist günstig zu haben, und so hat jeder die Möglichkeit, sich auch in großen Gestaltungen ausprobieren zu können. Formen im Raum sind neben den großen Plastiken auch Bauwerke. Wer sie selbst baut, kann besonders ihre plastische Wirkung im Raum erspüren. Mit ganz neuem Blick schaut man dann auch auf die Bauten anderer.

Der Ton, „der Kleine", bekommt durch die Hitze eine Haltbarkeit, die die meisten Materialien überragt. Die Menschen erkannten schon in den Urzeiten ihrer Seßhaftwerdung, daß der Ton mit dieser Eigenschaft ein ideales Material zur Gefäßherstellung ist. Er kann sehr dünnwandig und in jeder gewünschten Form verarbeitet werden. Seine Hitzebeständigkeit und die Fähigkeit, Wasser von innen und außen zu vertragen, machen ihn zu einem allseitig verwendbaren Material. Selbst feingliedrige und kleine Plastiken aus Ton sind durch ihre Festigkeit gut handhabbar und auch sehr langlebig.

Erkennen der bildsamen Erden

Es gibt die verschiedensten Anzeichen für das Vorhandensein von Lehm und Ton. So zeigen Straßennamen, wie „Am Lehmberg" oder „Töpfergasse", daß diese Vorkommen schon seit langem bekannt sind.

Befinden sich in einem Landstrich viele alte Töpfereien, so ist das Tonvorkommen sicher ebenfalls ganz in der Nähe.

Sie können natürlich auch einmal herumfragen. Ältere Leute wissen manchmal noch, wo sie den Lehm zum Ofenverschmieren oder für die Pflanzlöcher der Obstbäume geholt haben.

Ein Blick in die nächste Baugrube lohnt ebenfalls. Sind die Grubenwände nicht abgestützt, sollten Sie genauer hinschauen, denn meist haben Sie dann Lehm oder Ton vor sich.

Beim Wandern durch den Laubwald entdecken Sie vielleicht Klatschmohn, Sternmiere, Lungenkraut, Gemeinen Hahnenfuß oder Leberblümchen. Diese Pflanzen zeigen an, daß Sie gerade über Lehm oder Ton laufen.

Oder klebten Ihnen beim letzten verregneten Spaziergang große Erdklumpen an den Schuhen, dann war das Lehm versetzt mit Muttererde.

Zum Formen aber wird reiner Lehm benötigt, der unter der Muttererde zu finden ist. In manchen Lagerstätten liegt unter dem Lehm auch noch Ton.

Wie können Sie Ton und Lehm unterscheiden?

Eine erdfeuchte Probe wird in Wasser getaucht und geknetet. Haben Sie das Gefühl, Schmierseife zwischen den Fingern zu haben, so ist das Ton oder ein sehr fetter Lehm.

Erscheint der Erdklumpen zwar etwas geschmeidig aber doch körnig, so sollten Sie eine Lehmprobe machen. Ein Erdklumpen wird zu einem rundlichen Klumpen geformt. Auf diesen klopfen Sie längere Zeit. Zeigt sich Wasser an der Oberfläche, handelt es sich um Lehm, denn die geringeren Tonanteile können das Wasser nicht binden.

Bei der dritten Probe werden zwei Erdklumpen miteinander verstrichen. Geht das gut, so haben Sie Ton in der Hand. Scheinen die Klumpen immer wieder zurückzufedern, so ist das Lehm, der sich schwieriger verstreichen läßt.

Als letztes wird eine etwa 3 cm dicke und etwa 20 cm lange Wulst gedrückt. Diese kann als ein gut bindiger Lehm oder Ton frei nach unten hängen. Nach Bestehen dieses Tests wird die durchfeuchtete Wulst bis auf einen halben Zentimeter Durchmesser gerollt. Ist das möglich, haben Sie Ton gefunden.

Finden von Ideen

Der Spaß, mit Erde, Sand, Lehm und Ton zu formen, ist jedem Kind und, wenn vielleicht auch etwas im Unterbewußtsein, jedem Erwachsenen eigen. Alles was in den Sinn kommt, läßt sich daraus formen, Ergänzungen sind in jedem Material erlaubt.

Eine solche Unbefangenheit und Freude am Tun gilt es lange zu erhalten oder neu zu beleben. Maßstab ist immer die Ehrlichkeit, mit der Sie sich einer Idee zuwenden, wenn Sie diese mit Ihren Mitteln zu gestalten suchen.

Die besten Gestaltungsideen kommen erfahrungsgemäß an den unmöglichsten Orten. Ratsam ist es daher, ein kleines Notizheftchen bei sich zu haben, um Ideen und Beobachtungen in Wort oder Skizze festzuhalten.

Versuchen Sie, bewußter als bisher zu „**Sehen**".

Ein Beispiel: Sie waren einkaufen und wählten am Gemüsestand Birnen aus. Zu Hause befragt, was es noch für Birnen gab, fallen Ihnen vielleicht noch die Farben ein, bei der Form wird es schon schwieriger. Genau wissen Sie, daß es verschiedene Birnen gab.

Um Interessantes gestalten zu können, benötigen Sie aber Detailkenntnisse.

Beschauen Sie daher **die Natur** hinsichtlich ihrer Formen und Farben genauer. Heben Sie den Zweig vor Ihren Füßen auf, betrachten Sie ihn in seiner Wuchsform, dem Blattansatz. Sehen Sie sich genau Knospen, Blüten und Früchte an. Alle diese Formen und Farben sind in ihrer Funktion begründet und dafür auf das vollkommenste gestaltet. Verkleinern oder vergrößern Sie diese Formen, so werden Sie ihre Formvollendung entdecken.

So, wie Sie das Schreiben einmal mit viel Ausdauer gelernt haben, könnten Sie nun beginnen, das Skizzieren zu erlernen.

Zeichnen Sie, so viel Sie können. Der Gegenstand muß nicht attraktiv sein, es genügt der Stuhl oder das vor Ihnen liegende Buch. Je mehr Sie zeichnen, umso besser werden Sie es können. Dabei sollten Sie sich öfter an ein und demselben Motiv versuchen.

Beim Zeichnen ist es wichtig, sich bewußt zu machen, warum eine Form gerade so aussieht, welche inneren oder äußeren Kräfte sie prägen oder prägten. Umfahren Sie diese Formen im Geiste mit dem Bleistift und bannen Sie diese dabei auf das Papier, so werden Sie ihr Volumen besser deutlich machen können. Diese Schulung der Vorstellungskraft wird Ihnen beim Arbeiten mit den plastischen Erden helfen.

Wer lieber gleich plastisch arbeiten will, kann seine Idee auch mit einem Klümpchen Ton skizzieren.

Im Wald fand sich ein hölzernes „Geweih", das Tier dazu entsprang der Phantasie.

In der Natur lassen sich vollende-
te Formen finden, die zur keramischen Umsetzung anregen.

Der Hohlkörper des Schwimm-
blattes wurde zum Gefäß,
welches Blatt und Blüte trägt.

Die **persönlichen Erlebnisse** sind eine weitere Quelle für Gestaltungsideen. Wirklich Originelles – also Einmaliges – kann entstehen, wenn Sie Ihre Erlebnis- und Gedankenwelt als darstellungswürdig akzeptieren. Nehmen Sie sich als Mittelpunkt all Ihrer Gestaltungen an. Ihr Leben ist Ihr ganz persönlicher Ideenfundus, aus dem Sie, wie jeder Künstler, schöpfen können.

Trennen Sie sich möglichst schnell von dem Bemühen, für alle Freunde und Verwandte „Nützliches" gestalten zu wollen. Bedenken Sie, wer eine Arbeit von Ihnen erhalten soll. Erinnern Sie sich gemeinsamer Erlebnisse oder an einen geheimen Wunsch. So finden Sie zu Gestaltungen, die dem Beschenkten etwas bedeuten können.

Die Blumenglückwünsche überbringt hier ein keramischer Gärtner, in dessen großen Händen die Blumen sicher lange gedeihen.

„Hinter diesem stacheligen Wesen verbirgt sich die Gesellschaft, so wie ich sie in vielen Situationen erlebe. Der kleine Igel ist einer von vielen jungen Menschen, nämlich ich. Die Stacheln fehlen mir natürlich nicht, ist das ein Wunder?" Anni, 14 Jahre.

Der vielgeträumte Traum, aus der eigenen Haut schlüpfen zu können, entführt hier in die Welt der Kleinheit.

Lassen Sie sich anregen vom Heutigen und dem, was unseren Vorfahren gelang. Beim Blick in die Kultur anderer Völker werden Sie vielleicht feststellen, daß Ihnen beispielsweise die afrikanische Plastik emotional näher ist, als Sie je vermutet hätten. Eine solche Ideensuche in **Museen, Büchern und Ausstellungen** macht viel Spaß und ist natürlich ganz legitim.

Auch **die Nachahmung** hat ihren Reiz und ihren Wert. Versuchen Sie sich aber bewußt zu werden, warum es Sie lockt, Gleiches zu gestalten. Gefällt Ihnen die Idee, die Form, die Farbe? Vielleicht finden Sie durch diese Anregung zu einer anderen Ausführung, die Ihren Ursprung nicht mehr verrät.

Bleibt es bei einer Kopie, ist diese Arbeit nicht „Ihr Kind" und jeder wird sie am Original messen. Das aber war sicher nicht Ihr Ziel.

Die formbaren Erden geben Ihnen die Möglichkeit, Ihre **Träume und Phantasien** bildhaft werden zu lassen.

Ein ganz besonderes Erlebnis können die **Gemeinschaftsarbeiten** sein. Die ganze Familie oder der Freundeskreis widmen sich einer größeren Arbeit unter einem Thema. So kann zum Beispiel ein Geburtstagstopf entstehen. Alle Gäste formen beispielsweise sich selbst, ein Objekt aus der Natur oder einen Lieblingsgegenstand. Das Ganze könnte aber auch eine Reliefwand oder ein anderes Objekt werden. Eingeritzte Namen und Daten geben der Arbeit einen einmaligen historischen Wert.

Die Freude am gemeinsam geschaffenen Werk verbindet. Das Anspruchsniveau an eine solche Arbeit wird natürlich vom Können und Wollen aller Beteiligten bestimmt. Es reicht vom Nachmittagsspaß einer fröhlichen Gesellschaft bis hin zur ernsthaften Arbeit einer Gruppe, die Monate an einem solchen Vorhaben arbeitet.

„Einen Zoo für Euch" gestalteten Kinder und Jugendliche eines Keramikzirkels als Gemeinschaftsarbeit für die kleinen Patienten einer Klinik für Orthopädie.

Fühlen Sie sich elend, angegriffen und müde? Sie wissen nicht, was mit Ihnen los ist? Nehmen Sie sich ein Stück Erde, egal ob Lehm oder Ton und kneten Sie und walken Sie. Das braucht etwas Zeit. Die gleichmäßigen Bewegungen lassen Ihren Körper in Aktivität zur Ruhe kommen.

Fragen Sie sich bei dieser Tätigkeit: Was bedrückt mich gerade? Warum bin ich mit mir und der Umwelt unzufrieden? Gibt es ein trauriges Erlebnis, was mich immer wieder beschäftigt?

Oder: Was erfreut mich ganz besonders – hebt meine Stimmung?

Formen Sie kleine Objekte und finden Sie so vielleicht Antworten auf Ihren **Gemütszustand**.

Zur Gestaltung

Der Mensch ist ein Teil dieser Erde. Er hat sich mit all seinen Sinnen perfekt an die Lebensbedingungen auf diesem Planeten angepaßt und wird hineingeboren in einen Zeitraum der Kulturentwicklung, in der es eine Formensprache gibt, die von dieser Menschheitserfahrung geprägt ist.

Wenn Sie sich das bewußt machen und versuchen, Formen, Farben und Bewegungen in ihren Wirkungen auf den Menschen zu ergründen, können Sie sich durch Ihre künstlerische Arbeit mitteilen.

Grundsätzliches

Ganz ursprünglich gute Erfahrungen macht der Mensch in seinem Leben mit runden Formen. Denken wir nur an saftige Früchte und die warme Sonne. Wir verbinden mit ihnen das Mütterliche, das weiblich Runde, die ruhige Geborgenheit.

Die Natur lehrt uns, daß die runde Form am besten vor äußeren Einflüssen schützt. Die **Kugel** hält mit der kleinsten Oberfläche den größten Inhalt zusammen, ist ganz

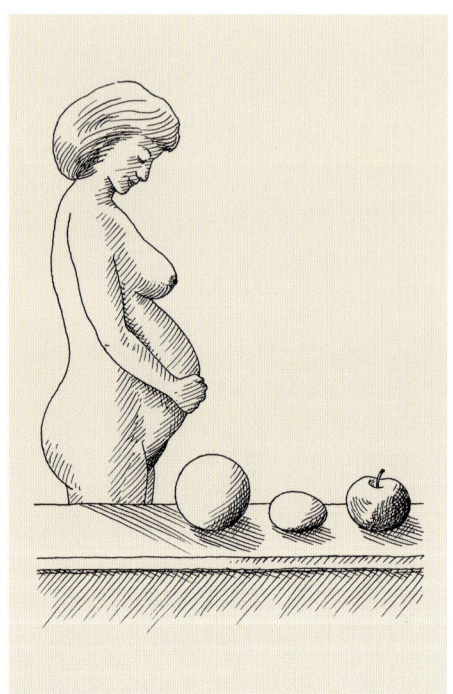

Die Kugel. Sie ist die Grundform für alles Runde. Im Vergleich zu anderen Körpern kann sie im Verhältnis zu ihrer Außenfläche den meisten Inhalt bergen.

Der Kubus. Er vermittelt durch seine große Statik das Gefühl von unveränderbarer Festigkeit.

auf ihr Innerstes bezogen und so auch sehr widerstandsfähig. Von allen Formen äußert sie sich am wenigsten nach außen. In der Auflage kennt sie jedoch keine Ruhe.

Ganz anders sind unsere Empfindungen, wenn wir uns einer senkrechten Fläche gegenüber sehen. Werden Quadrate rechtwinklig zu **Würfeln** zusammengefügt, wandern wir durch eine Welt, die uns kaum beunruhigt und sehr fest erscheint. Der Würfel ist der Inbegriff für Stabilität und Festigkeit.

Aus vier Dreiecken entsteht das **Tetraeder**. Steht es auf einer Spitze, entsteht das Gefühl, daß es in alle Richtungen ausstrahlt. Wir empfinden es als aggressiv. Auf einer seiner Flächen ruhend, bündelt das Tetraeder seine Energie scheinbar nur noch in die eine frei stehende Spitze.

Diese Erfahrungswerte des Menschen liegen auch den rationalen Erkenntnissen der Bauhauskünstler zugrunde. Analog zum Dreiklang der Grundfarben Gelb – Rot – Blau benannten sie die Grundformen, die als Elementarformen gelten. Diese sind das **Tetraeder** – der **Kubus** – die **Kugel**. Es lassen sich tatsächlich alle Formen auf diese zurückführen und daraus wiederum läßt sich ein „Formenkreis" mit unendlichen Variationen entwickeln.

Das Tetraeder. Schräge Linien lassen uns Bewegung spüren. Ruhe und Festigkeit gehen von Waagerechten aus.

Kugel, Tetraeder und Kubus sind die einfachsten Körperformen. Werden sie miteinander kombiniert, entsteht ein vielfältiger Formenschatz.

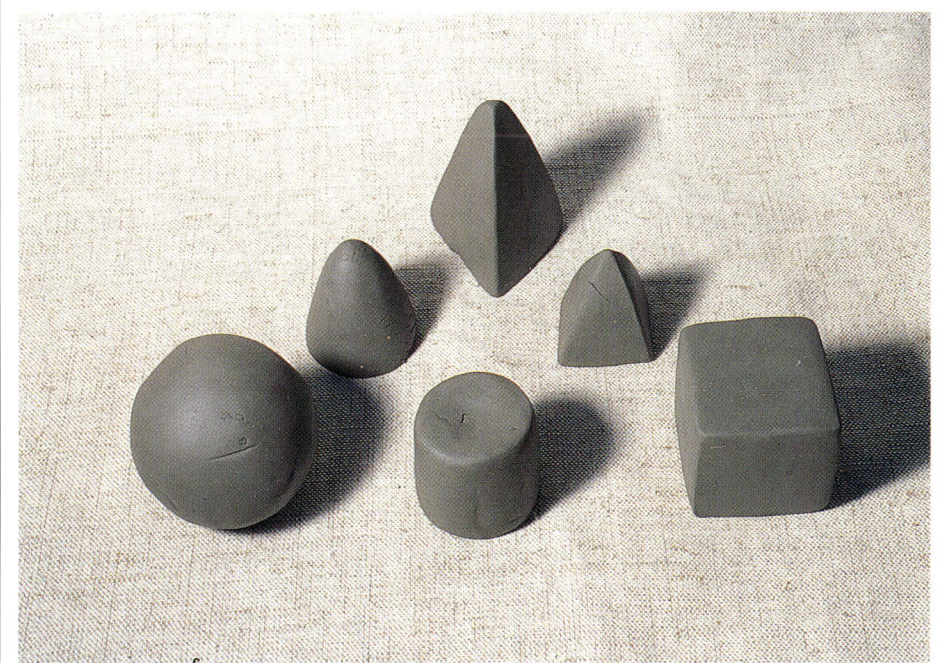

19

Spannend ist es natürlich auch, die Kräfte, die auf eine Form wirken können, zu beobachten.

Wird ein Sack gefüllt, so wölbt er sich nach außen. Eine nach unten breit auslaufende Form lastet auf dem Boden. Sie ruht auf ihm und erinnert an das Tetraeder oder an Mischformen, wie Kegel und Pyramide.

Der aufsteigende Fesselballon mit der breiten Rundung nach oben und dem spitzen Ende nach unten erzeugt dagegen ein Gefühl des Aufsteigens und Widerstandes gegen die Erdschwere.

Im Umgang mit Plastischem machen Sie eine wichtige Erfahrung. Sie müssen die Dinge – im wahrsten Sinne des Wortes – **begreifen**. Versuchen Sie möglichst oft, Ihren Tastsinn zu schulen. Können Sie ein Objekt nicht umfassen, so umwandern Sie es. Das Plastische lebt von diesen Arten des Erfassens, denn das Auge allein erfaßt Objekte nur durch Licht und Schatten, so gewonnene Eindrücke können sehr täuschen.

Unterschiedliches Licht läßt ein und dieselbe Arbeit sehr plastisch unterschiedlich wirken.

In weichen Außenhüllen wird besonders gut sichtbar, daß die Erdschwere alles anzieht. Nur wenn eine Kraft größer ist als sie, können Körper aufstreben.

Mit Sicherheit sind Ihnen aber auch schon Formen begegnet, die Sie den genannten Kategorien nicht zuordnen können. Diese werden als amorph, gestaltlos, bezeichnet. Denken Sie nur an das Wogen des Meeres, eine unendliche Bewegung des Wassers. Im Sichtbarmachen der wirkenden Kräfte können Sie auch hier ein Formenspiel entdecken, das sich gestalten läßt.

Alle Gestaltungsfragen sind jedoch nicht ohne den **Raum** zu fassen, in den eine jede künstlerische Arbeit gestellt ist. Verändern Sie den Standort einer Arbeit, und Sie werden erstaunt sein, wie sie an Wirkung gewinnt oder verliert.

Das Relief – Übergang von der Malerei zur Plastik

Einen festgelegten Raum können Sie sich im Relief schaffen. Hier können Objekte in einen gebauten Raum gestellt oder bis in die Wand hinein versenkt werden. Als Übergang von der Malerei zur Plastik bietet das Relief eine unerschöpfliche Breite an Gestaltungsmöglichkeiten.

Reliefs werden in drei Gruppen eingeteilt, die das Heraustreten des Objektes aus der Wandung näher benennen.

Das **Flachrelief**, auch Baserelief genannt, bleibt an seiner Oberfläche ohne Erhebungen. Das Gestaltungsobjekt wird durch Herausschaben, -schneiden oder Stempeln der Masse sichtbar gemacht. Dabei kann es mit entsprechend charakteristischen Details versehen werden. Umgekehrt ist dies ebenfalls möglich, dabei wird der Hintergrund ausgehoben oder so gestaltet, daß sich der Gegenstand abzeichnet.

Beim **Halbrelief** erheben sich die Objekte nur leicht aus dem Hintergrund, bleiben aber eng mit ihm verbunden. Ein Vorn und Hinten wird durch Höhe der Erhebung bestimmt. Am flachsten ist der Hintergrund, der auch gestempelt oder gemalt sein kann.

Das **Hochrelief** kann alle Reliefarten in sich vereinen und Raum für eine Vollplastik sein. Grenzen sind ihm nur im ästhetischen Sinne gesetzt, indem kein Detail den Rahmen des Ganzen sprengen sollte. So wird eine Ausgeglichenheit der Formen und Tiefen angestrebt. Verlangt der Inhalt jedoch ein Durchbrechen solcher Regeln, so muß dies so überzeugend sein, daß es nicht als Mangel empfunden wird. Grundsätzlich geht es wie beim Bild um eine gute Komposition: für das Bild nur in Fläche und Farbe, für das Relief in Fläche, Farbe und Raum.

Um diese Probleme zu bewältigen, sollten Sie sich einen Bühnenraum vorstellen, bei dem in den verschiedenen Ebenen immer wieder Objekte stehen und hängen, um die Tiefe der Bühne nacherlebbar zu machen.

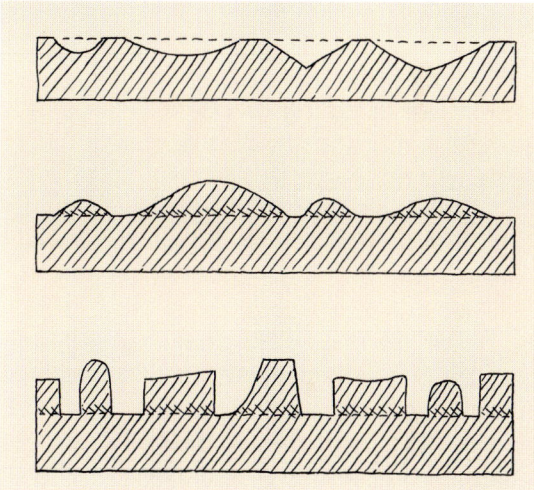

Vom Flach-, über das Halb- zum Hochrelief. Beim Flachrelief wird in den Reliefgrund hineingearbeitet. Die Formen des Halbreliefs erheben sich wenig über den Reliefgrund. Die Höhe des Hochreliefs kann bis zu vollplastischen Gestaltungen reichen.

Arbeiten mit Lehm

Einfache Lehmprüfverfahren

Der erste kleine oder große Berg Lehm liegt vor Ihnen. Ob Sie ihn gleich in dieser Form verwenden können oder ob er noch einiger Zusätze bedarf, zeigen Ihnen die folgenden Tests.

Aus der durchgekneteten, gut formbaren Probe wird eine Kugel von 4 bis 5 cm Durchmesser geformt. Diese wird aus 1,50 m Höhe auf die Erde fallen gelassen. Bleibt sie unten abgeflacht aber ohne Risse liegen, so ist ihr Tonanteil sehr groß, und der Lehm muß noch stark gemagert werden. Bleibt die Kugel als solche erhalten und zeigt Risse, so handelt es sich um guten Baulehm, der durchschnittlich gemagert werden muß. Zerfällt die Kugel in einige große Stücke, ist die Bindekraft der enthaltenen Tonteilchen nicht sehr groß, und es bedarf keines oder nur sehr wenig Magerungsmittel. Zerbröselt die Kugel jedoch in viele kleine Teilchen, kann der Lehm nicht mehr zum Formen und Bauen verwendet werden. Um noch mehr Sicherheit zu erlangen,

können Sie diesen Test mit trockenen Kugeln wiederholen. Es werden wieder gleichgroße Kugeln geformt und diese getrocknet (entweder acht Tage an der Luft oder einen Tag an der Luft und einige Stunden bei 60 °C in der Backröhre). Diese Kugeln werden wieder auf die Erde fallen gelassen. Zerspringen sie nicht, so ist der Lehm sehr fett. Zerbröseln sie, enthält er viele sandige Bestandteile oder auch sehr viel Kalk. Zerfallen die Kugeln aber in mehrere größere und kleinere Stücke, so haben Sie einen guten Baulehm gefunden. Jetzt können Sie noch versuchen, von einem der zerfallenen Stücke etwas abzureiben. Je weniger körnige Bestandteile sich abreiben lassen, um so mehr Magerungsmittel muß zugegeben werden.

Aufbereitung des Lehms

Die innere Struktur des Lehms wird durch das Ausgraben durcheinandergebracht. Nun liegt es an Ihnen, sie zu ordnen, um erneut ein festes Gefüge entstehen zu lassen. Sehr günstig ist es, wenn der Lehm lange Zeit, möglichst über Winter, im Freien liegt. Durch Feuchtigkeit, Frost und Austrocknung wird seine ursprüngliche Struktur gänzlich aufgebrochen. Eine Neuordnung durch die Aufbereitung wird so erleichtert.

Enthält der Lehm viele Steine, wird er zunächst gesiebt (z.B. mit einem Kompostsieb). Bei kleineren Lehmmengen werden die Steine ausgelesen. Große Lehmklumpen oder Grünlinge (ungebrannte Ziegelsteine) werden mit einem Hammer in apfelgroße Stücke zerklopft. Dann wird der Lehm gesumpft, daß heißt, er wird eingeweicht. Die Größe des benötigten Gefäßes ist von der Lehmmenge abhängig. Sie reicht von einer Schüssel über Wannen bis zu einer Kuhle im Freien, die mit einer Folie ausgelegt wird. Zum Sumpfen wird soviel Wasser zum Lehm geschüttet, bis Sie es zwischen den Klumpen gerade ansteigen sehen.

Als Faustregel gilt: Soviel Wasser wie nötig, sowenig Wasser wie möglich. Die Erfahrung wird Sie das richtige Maß lehren. Nun muß dem Lehm möglichst viel Zeit gegeben werden, um sich mit Wasser vollsaugen zu können. Eine Nacht ist schon ausreichend, je länger er jedoch feucht lagert, um so bildsamer wird er. Zur Not kann er auch gleich nach dem Einziehen des Wassers verwendet werden, was zwar auf Kosten der Bildsamkeit geschieht, aber möglich ist.

Nach dem Sumpfen wird der Lehm geknetet oder gestampft. Schüsselmengen können Sie mit den Händen bewältigen.

In lehmgefüllte Wannen aber steigen Sie am besten mit den Füßen. Bei warmem Wetter kann dies barfuß geschehen. Bei kälterem Wetter sind Gummistiefel angeraten. Der Lehm wird so lange getreten, bis alle Klumpen verschwunden sind und Sie in einer dünnteigigen Masse stehen. Es ist ein Gefühl des Abhebens, nun aus dem Lehm zu steigen. Nicht nur, weil die erste Runde der Aufarbeitung geschafft ist, nein, die Beine sind zum Fliegen leicht geworden. Übrigens ist das Lehmtreten eine sehr gesundheitsfördernde Sache. Es ist Gymnastik für Beine und Füße, hilft dem Kreislauf und unterstützt die Durchblutung.

Benötigen Sie größere Mengen Lehm, weil Sie sich im Häuserbauen ausprobieren wollen, so haben sich zur Lehmaufbereitung alte Brotteigknetmaschinen bewährt.

Würden Sie den Lehm jetzt in der Wanne wieder trocknen lassen, so zeigte er bald große Risse, wie sie von ausgetrockneten Pfützen bekannt sind. Um das zu vermeiden, wird er gemagert. Dazu werden Stoffe verwendet, die selbst nicht plastisch sind, also auch nicht quellen und schwinden. Die Tonteilchen im Lehm kleben diese Stoffe zu einer bildsamen Masse zusammen. Verschiedene Stoffe können zum Magern verwendet werden: Sand, feiner Kies, kurzes und langes Stroh, Heu, Holzhackschnitzel, Hobelspäne, Sägespäne und auch Kiefernnadeln.

In den eingesumpften, getretenen und klumpenfreien Lehm werden die Magerungsmittel gegeben. Damit sie vom Lehm ummantelt werden können, geschieht das gut verteilt in kleinen Mengen. Mit den Händen geht dies am besten. Vor jeder neuen Zugabe muß das Magerungsmittel vollständig untergemischt sein.

Entsprechend der Art und Menge der beigemischten Magerungsmittel entstehen Schwer- bis Leichtlehmgemische.

Sand wird für Schwerlehme beigemischt. Schwerlehme werden für tragende Wände und zum Bau von Öfen eingesetzt. Sie haben ein gutes Wärmespeichervermögen.

Durch Zugabe von leichten Magerungsmitteln, wie Stroh oder Holzspäne, entsteht ein mittelschwerer Lehm, der die Wärme relativ gut dämmt ohne dabei seine Festigkeit einzubüßen. Mittelschwere Lehme eignen sich zur Verarbeitung in Holzgerüsten.

Wird der Anteil leichter Magerungsmittel stark erhöht, entstehen Leichtlehme. Leichtlehme erreichen hohe Wärmedämmwerte.

Die Wahl des entsprechenden Magerungsmittels für ein Lehmprojekt ist also von seiner Bestimmung und auch von den bestehenden Möglichkeiten der Lehmverarbeitung abhängig.

Im folgenden Abschnitt werden die gebräuchlichsten Varianten der Lehmmagerung vorgestellt.

Sand-Lehm-Gemische
sind geeignet für die Herstellung von Lehmsteinen, als Mörtel für diese, aber auch für gebrannte Ziegelsteine und Kacheln, als Putz und zum Bau von Öfen.

Zum Formen von Lehmklumpen, die naß verbaut werden, sollte die Lehmmischung nicht in den Händen matschen, sich aber ohne Risse zusammendrücken lassen.

Mörtel und Putz können bei der Verarbeitung breiig sein. Dem Mörtel entziehen die trockenen Steine gleich die Feuchtigkeit, so daß die Wand Festigkeit erhält. Wird Lehm auf trockene, poröse Steine geputzt, sollten diese vorher erst etwas genäßt werden. Dies geschieht am besten mit einer Schlämme aus purem Lehm.

Stroh- und Heu-Lehm-Gemische
eignen sich für Plastiken, zum Ausfachen von Holzkonstruktionen und zur Lehmbrote- und Steinherstellung.

Hierzu kann Stroh, wie es aus dem Mähdrescher kommt, verwendet werden. Steht jedoch Heu von hohem Gras zur Verfügung, kann auch dieses verwendet werden. Die langen Halme wirken im Lehm als Bewährungen.

Mittelschwere Mischungen eignen sich zum Ausfachen von Stakenfachwerk und dem Formen von Plastiken. Auch für den Unterbau von Reliefs und Rundplastiken, die über ein Holzgerüst geformt werden. Lehmbrote lassen sich daraus ebenfalls formen. Letzteres fällt allerdings nur ausgewachsenen Händen leicht.

Strohlehme werden hergestellt, indem dem Lehm nur soviel Wasser zugesetzt wird, daß er nach dem Stampfen mittelmäßig breiig wird. Das sich nun anschließende Zugeben von Stroh ist eine schöne Arbeit für Menschen, die sich erst noch an den Lehm gewöhnen müssen. Bleibt beim Eintreten des Strohs kein Lehm mehr an den Fußsohlen kleben, ist eine brauchbare Mischung erreicht.

Für Strohleichtlehm wird dem Lehm nach dem Klumpenfreistampfen nach und nach soviel Wasser zu-

gegeben, bis er dickflüssig wird. Auf diese Weise kann sehr viel Stroh oder Heu gebunden werden, bei sehr fetten Lehmen sogar in einem Verhältnis von einem Teil Lehm und sechs Teilen Stroh. Stroh wird solange in den Leichtlehm getreten, bis kein flüssiger Lehm mehr von unten hervorquillt. Strohleichtlehme haben durch die vielen Hohlräume im Stroh eine gute Wärmedämmung und sind im Verhältnis zu anderen Mischungen sehr leicht. Sie eignen sich dadurch zum Überdecken von Rundhütten.

Strohhäcksel-, Holzspan-, Holzhackschnitzel-Lehm-Gemische
sind geeignet als Material für Plastiken, als Putz, zur Lehmbrot- und Steinherstellung sowie zum Bestreichen und Bewerfen von Astgeflechten.

In ländlichen Gegenden wird es relativ leicht sein, Strohhäcksel zu besorgen. In der Stadt geben viele Tischler Holzspäne (Säge- und Hobelspäne) ab. Sie sollten allerdings darauf achten, daß keine Borke enthalten ist. Diese suchen sich Holzschädlinge gern als Lebensraum aus und können so auch die Holzkonstruktion zerfressen.

Kurzer, gut getrockneter Rasenschnitt kann ebenfalls als Magerungsmittel verwendet werden.

Zum Herstellen von Lehmbroten lassen sich diese Gemische auch gut von Kinderhänden verarbeiten, da

die Kinder der Wanne problemlos eine solche Menge Lehm entnehmen können, wie ihre kleinen Finger zu greifen vermögen.

Durch die grobe Struktur, besonders der Holzspäne, entstehen interessante Oberflächenstrukturen, die besonders bei Plastiken und beim Putzen von Reiz sind.

Sägespan-Lehm-Gemische
eignen sich in ähnlicher Weise wie die im vorhergehenden Abschnitt genannten Gemische für Plastiken, Reliefs, Putz, zur Lehmbrot- und Steinherstellung und zum Bestreichen und Bewerfen von Astgeflechten.

Soll eine feingliedrige, glatte Oberfläche entstehen, so können Sägespäne zum Magern der Mischung verwendet werden. Auch größere Objekte, die aus gröberen Mischungen bestehen, können so fein ausgearbeitete Oberflächengestaltungen erhalten.

All diese Gemische lassen sich natürlich auch untereinander kombinieren. So können einem Sand-Lehm-Gemisch auch Strohhäcksel oder Holzspäne für einen Putz oder auch Langstroh für das Umwickeln von Staken beigemischt werden. Es ist auch möglich, verschiedene Holzspanarten miteinander zu mischen.

Ein Anteil Kuhmist im Gemisch wirkt sich günstig aus, weil sich im

Mist Ammoniak bildet und dieser während der Trocknung dem Schimmel entgegenwirkt. Außerdem hat der Tiermagen die Pflanzenkost zu winzigen Zelluloseteilchen aufgespalten, die wie kleine Vernetzer gegen sichtbare Rißbildungen wirken. Auch Pferdeäpfel lassen sich gut beimengen. Im Putz setzen sie mit ihren Strohteilchen viele kleine Leuchtpunkte in die Lehmoberfläche. Haare von Mensch und Tier, z.B. Schweineborsten, können ebenfalls dem Putz zugesetzt werden, um die Oberflächenspannung herabzusetzen und Rißbildungen zu vermeiden. Nadeln von Bäumen geben zudem auch noch interessante Oberflächenstrukturen.

Plastiken aus Lehm

Relief

Reliefs aus Lehm können von teller- bis wand-, ja sogar hausgroß werden.

Um dieses für das plastische Gestalten neue Material auszuprobieren, können Sie mit kleineren Arbeiten beginnen. Vielleicht aber haben Sie schon bald das Verlangen, sich auszubreiten. Es gibt viele kahle Räume, die geradezu nach einer farblichen, ja sogar plastischen Gestaltung rufen. Wieviel Zeit seines Lebens verbringt der Mensch in Räumen, zu denen er keinerlei Beziehung aufbauen kann, weil sie ihn tot umgeben.

Solche Räume fangen durch Wandgestaltungen an zu leben. Die großen Raumflächen können von vielen Händen auch ohne übermäßige Anstrengungen gestaltet werden. Bei solchen Gruppenarbeiten entstehen jedoch nicht nur bildhafte Äußerungen. Die gemeinsame Auseinandersetzung mit einem Thema bereichert auch jeden einzelnen.

Flachrelief

Um sich dem Lehm als Material zum Formen von Plastiken anzunähern, sollte mit nicht zu großen Arbeiten begonnen werden. Hierzu wird eine **Grundplatte aus einem Lehmgemisch** gefertigt. Bei einer gut handhabbaren Größe von

30 × 30 cm sollte sie ungefähr 4 cm dick sein. Damit die doch relativ dünne Platte nicht bricht, wird sie bewehrt und dadurch auf Zug und Druck belastbar. Für diesen Zweck werden in die Grundplatte Materialien eingebaut, die den Lehm über längere Strecken durchziehen.

Diese Aufgabe erfüllt bereits ein Langstroh-Lehm-Gemisch. Die Strohhalme durchziehen die Platte kreuz und quer und geben ihr so Halt. Auf diesen Unterbau kann ein Relief aus feinteiligem Sägespan-

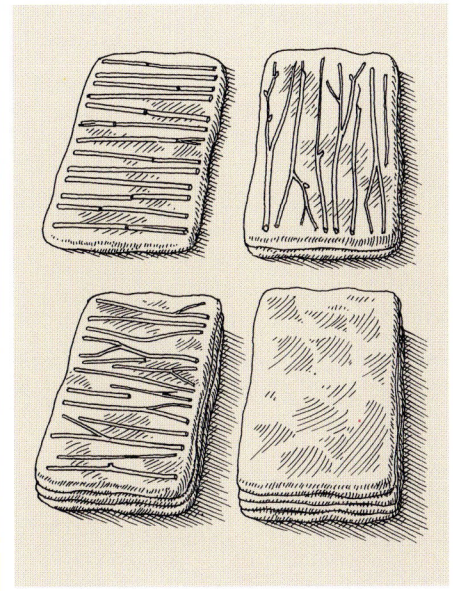

Reliefgrund aus Lehm. Zur Stabilisierung werden feste Materialien in mehreren Schichten quer zueinander in den Lehm eingebaut.

lehm oder Sandlehm aufgebracht werden.

Steht kein Stroh zur Verfügung wird für die Grundplatte gleich der feinteiligere Lehm verwendet, dabei werden in mehreren Schichten Ästchen, Schilf, Riesengras oder andere Materialien mit eingebaut, wobei die Bewährungen in Schichten verkreuzt zueinander in den Lehm gelegt werden.

Für ein flaches Relief läßt sich auch eine **Grundplatte aus Holz** verwenden, auf die der Lehm aufgetragen wird. Damit er auf der Platte haften bleibt, wird auf ihr ein Putzträger aufgebracht. Dazu wird aus geraden Ästen, Schilfrohr oder Bambus eine kleine Matte, ähnlich einem Fensterrollo, gefertigt. Die Stöckchen werden an 2 oder 3 Stellen mit Draht oder Strick zusammengebunden.

Das Relief hat neben der raumgestaltenden Funktion noch die Aufgabe, Geld in sich zu sammeln. Das eingeworfene Geld rutscht durch versteckte Gänge. Im unteren Teil wird es in einem Glasbehälter gesammelt.

Fertiger Putzträger, beispielsweise Rohrgeflecht, kann auch im Bauhandel käuflich erworben werden. Ein solches Geflecht wird nun durch Antackern oder Nageln auf der Holzplatte befestigt. Anschließend wird händeweise der feinteilige Lehm auf der Platte verteilt und gut zwischen den Putzträger gedrückt. Dabei kann die gesamte Holzplatte unter dem Lehm verschwinden; es können aber auch noch Teile der Holzfläche oder des Putzträgers hervorschauen, wobei die Materialkontraste zwischen der Holzplatte, der Matte und dem Lehm einen ganz besonderen Reiz ausmachen können.

Sehr große flache Reliefs werden am besten gleich an die Wand gebracht. So können die Putzträger beispielsweise auch **auf gemauerten oder mörtelverputzten Steinwänden** angebracht werden. Reliefs auf Unterlagen, die nicht aus Lehm sind, dürfen jedoch nur so dick sein, daß der Putzträger sie auch halten kann.

Beim Bau des Reliefgrundes entstehen durch Abdrücke von Finger- und Handteilen oft schon sehr interessante Formen. Schauen Sie bei der Arbeit zwischendurch einmal, was Ihre Hände geformt haben, denn „Einen Zufall, den man stehen läßt, ist kein Zufall mehr." (W. Rosenthal). Diese Spuren entsprechen meist schon dem Charakter des weichen Lehms. Werden Sie beach-

tet, können diese Arbeitsspuren ein Teil der Gestaltung werden.

Die Feinteiligkeit der Lehmmischung bestimmt die Bearbeitbarkeit der Oberfläche. Grobe Magerungsmittel, wie Hobelspäne oder Stroh, werden die Oberfläche schon von selbst sehr reizvoll aussehen lassen. Feinteiliger Putz mit Sand, Sägemehl oder Pferdeäpfeln bietet eine gute Grundlage für Eindrücke und Ritzungen. Diese kommen besonders zur Geltung, wenn die Oberfläche vorher mit einem glatten, harten Werkzeug geglättet wird. Von halbmondförmigen Eindrücken Ihrer 10 Fingernägel bis zu den starken Eindrücken beispielsweise eines gespaltenen Holzscheites gibt es viele Eindrucktiefen. Schauen Sie sich in Ihrer Umgebung um, und suchen Sie die Materialien, die zu Ihrer eigenen Art und Ausdrucksweise passen.

Wie bei einem Hausbau wird auch bei der Gestaltung von Plastiken überall der gleiche Fertigungsstand angestrebt. Erst der Rohbau, dann der Putz und zum Schluß die Farbe.

27

Mit spitzen Werkzeugen, einem Stift oder Modellierhölzern können Konturen, auch bildliche Darstellungen eingekratzt oder gedrückt werden. Sollen die Kontraste der Flächen und damit auch die Fernwirkung verstärkt werden, können die Flächen mit Strukturen versehen werden.

Wenn Unterbau und Relief aus dem gleichen Material bestehen, ist die Verbindung zum Reliefgrund natürlich sehr gut. So können **auf Lehmwänden** alle Möglichkeiten vom Flachrelief bis zum Hochrelief ausgeschöpft werden.

Das Formen eines Lehmreliefs kann mit dem Wachsen eines Baumstammes verglichen werden – Wachstumsschicht für Wachstumsschicht folgen übereinander. Beim Arbeiten mit Lehm können Lehmschichten bis zu einer Stärke von 3 bis 4 cm auf einmal aufgesetzt werden. Werden größere Lehmbatzen aus feinteiligem Lehm aufgebaut, fließen diese unter Umständen breit. Der Lehm zwingt also zu einer gewissen Langsamkeit, die aber den Vorteil eines ausgeglichenen Werdens der Arbeit ermöglicht.

Beginnen Sie bei Ihrer Arbeit damit, die größten Teile des Reliefs aufzusetzen, und formen Sie dann die kleinteiligeren Bereiche. So wird ständig an der ganzen Fläche gearbeitet, was ein Bedenken der Gesamtgestaltung während der Arbeit ermöglicht. Pausen zum Festwerden können oder besser müssen dem Lehm ab 4 cm Dicke eingeräumt werden. So haben Sie Gelegenheit, Ihre Arbeit immer wieder neu zu betrachten und zu beurteilen.

Hochrelief

Soll ein Relief an bestimmten Stellen eine Höhe von 6 cm überschreiten, sollten Sie diese weitabstehenden Teile mit dem Reliefgrund verbinden. Dazu werden Holzstöckchen möglichst tief in den Reliefboden gesteckt. Für größere Erhebungen können auch 2 oder mehr Hölzchen eingesteckt werden. Diese werden miteinander verbunden. Am haltbarsten haben sich dabei Dreieckverbindungen erwiesen.

Auch Gruppenarbeiten, für die oft nur eine begrenzte Zeit zur Verfügung steht, eignen sich gut für Lehmprojekte. Nach der Trocknung kann jederzeit weitergearbeitet werden. Dazu wird der trockene Lehm mit etwas Wasser oder Lehmschlicker angefeuchtet, damit der nun feucht aufgetragene Lehm wieder gut haften kann.

Sollen neben flachen auch Hochreliefs entstehen, obwohl keine Lehmwand vorhanden ist, wird eine **Holzkonstruktion als Unterbau** verwendet. Diese Technik wurde dem Ausfachen des Fachwerks mit Staken abgeschaut. Als Staken werden runde oder eckige Hölzer von 2 bis 4 cm Dicke oder Durchmesser verwendet.

Der Rahmen für dieses Relief entstand aus längs aufgesägten Balken. An den Ecken wurden die Balken ausgeklinkt, um sie zum Rahmen zusammennageln zu können.

Kann das Relief direkt an der vorgesehenen Wand geformt werden, können die Staken gleich an diese geschraubt werden. Ist das nicht möglich, müssen die Hölzer auf einer Holzplatte angebracht werden, die nach Fertigstellung des Reliefs an die Wand geschraubt wird (siehe Abb. Seite 26). Es ist jedoch zu beachten, daß das Relief nicht zu schwer für die Wand wird. Die Staken können aber auch in einem Rahmen aus Holz befestigt werden. Dazu werden an die Innenflächen des Rahmens Leisten genagelt, an denen dann die Staken befestigt werden.

Der Rahmen auf dem Foto ist die erste Arbeit dieser Art von Sozialpädagoginnen. Die Balken trugen sich die Frauen aus einem Abrißholzhaufen zusammen. Sie sind also durchaus nicht immer auf einen Fachmann angewiesen.

Haben Sie noch keinen Reliefentwurf, und wollen Sie erst einmal probieren, was mit Material, Gefühl und Händen alles möglich ist, so schrauben Sie die Hölzer wie einen Gartenzaun an die vorgesehene Unterlage oder in einen Holzrahmen. Je nach Gesamtgröße erst 2 bis 3 Latten quer und dann darauf die Längshölzer.

Ist bereits ein Entwurf entstanden, können die Hölzer nach den Hauptlinien der Gestaltung angebracht werden, wie es beispielsweise auf dem Foto geschehen ist.

Nun kann das Eigentliche, der Lehmbau, beginnen. Dazu stellen Sie sich ein Stroh-Lehm-Gemisch oder ein Heu-Lehm-Gemisch (siehe Seite 24) her. Aus dem gut gemischten Strohlehm wird mit beiden Händen gleichzeitig ein länglicher Batzen, wie ein Zopf oder eine Wurst, aus der Lehmmasse gegriffen. Der längliche Batzen bekommt in sich Halt, wenn Sie ihn in seiner ganzen Länge etwas zusammendrehen, etwa so, als würden Sie ein Stück Wäsche sanft auswinden.

Diese Lehmwulst wird nun um eine Holzstake gelegt und hinter ihr verkreuzt. An besonders dicken Reliefstellen werden 2 oder mehrere solcher Lehmwülste übereinander gelegt.

Das Holzgerüst für Reliefs ist dem Stakenfachwerk abgeschaut. Je nach Gestaltungswunsch werden die Hölzer im Rahmen oder auch an einer Wand angebracht. Aus einem Stroh-Lehm-Gemisch wächst dann die Gestaltung, indem Lehmwülste um eine Holzstake gelegt und hinter ihr verkreuzt werden.

In dieser Art wird Lehmwulst über Lehmwulst gelegt, bis der ganze Reliefgrund ausgefüllt ist. Je nach Gestaltungswunsch kann die Fläche unsymmetrisch, z.B. mit Durchbrüchen, oder vollständig, z.B. mit unterschiedlichen Höhen, gefüllt werden.

Nach dem Trocknen des Lehms kann die dünne Lehmschicht über den Strohhalmen vorsichtig abgewischt werden. Es entsteht ein interessanter Kontrast zwischen der stumpfen Oberfläche des Lehms und dem warmen, hellen Glanz der Strohhalme.

Wollen Sie feingliedrigere Formen schaffen als es mit Strohlehm möglich ist, formen Sie diese mit Sägemehl- oder Sand-Lehm auf dem groben Unterbau.

Möchten Sie eine sehr glatte und spannungsvolle Oberfläche erzielen, so können Sie, wenn der Lehm etwas angezogen ist, die hervorragenden Späne mit streichenden Bewegungen in den Lehm drücken.

An diesem Relief arbeiteten vier Frauen. Jede brachte ihre persönliche Gestaltungsidee und „Handschrift" in die gemeinschaftliche Arbeit ein.

Die stumpfe Oberfläche des Lehms und der warme, helle Glanz der Strohhalme bilden einen sehr interessanten Kontrast.

Hier folgte auf einen „Rohbau" aus Strohlehm eine feinere Formgebung mit Sägespanlehm. Glänzende Glasscherben wurden als Kontrast zum matten Lehm eingefügt.

Spannungsvolle Oberflächen verleihen organischen Gestaltungsformen ihren Ausdruck.

Rundplastik

Bei der Lehmaufbereitung oder auch beim Formen der Reliefs konnten Sie selbst erfahren, daß der Lehm sich gut in kompakten Formen verarbeiten läßt. Das gilt ganz besonders für Lehmobjekte, die nicht von anderen Materialien gestützt werden. Von solcher Kompaktheit sind die im Foto dargestellten kleinen Plastiken.

Sie wurden ohne Werkzeug mit den Händen geformt und bestehen aus einem Hobelspan-Lehm-Gemisch. Die grobe Struktur der Holzspäne im Lehm verleiht den Tieren ihr felliges Aussehen.

Wissen Sie jetzt noch nicht, was Sie formen wollen? Dann lassen Sie sich überraschen, welche Plastik Ihre Hände mit einer Holzlatte als Werkzeug hervorbringen werden. Geeignet hierfür sind Holzspan- und Sand-Lehm-Gemische. Nehmen Sie davon einen etwa handgroßen, nicht allzu feuchten Klumpen in die Hand; in die andere eine Holzlatte von ungefähr 30 cm Länge und einer Breite und Stärke von 3 bis 4 cm. Nun schlagen Sie vorsichtig mit der Latte auf den Klumpen. Mit der Kopfseite der Latte kann auch etwas Lehm geschoben werden. Schauen Sie, wie sich der Lehm unter Ihren sanften Schlägen strukturiert. Es entstehen interessante Kontraste zwischen den harten Kanten und Flächen, die durch das Holz entstanden sind und dem weichen,

Lehm sackt beim Formen leichter zusammen als Ton. Deshalb lassen sich kompakte Formen besser bearbeiten.

sich dazwischen wölbenden Lehm. Lassen Sie aus dem Lehmklumpen eine Plastik entstehen, indem Sie ihn so vielfältig und interessant strukturieren, daß Sie sich gar nicht mehr von ihm trennen wollen.

Kopf: Versuchen Sie es doch auch einmal mit der Darstellung der menschlichen Figur, vielleicht mit

einem Kopf. Hier kann Ihnen die Technik des Lattenschlagens den Einstieg in die Thematik erleichtern. Der Trick besteht darin, daß mit der Latte nur vereinfachte Formen erzielt werden können. Diese haben wir in unserem Gehirn als Gesichtsschema gespeichert, ähnlich wie wir sie kleinen Kindern zeichnen, wenn wir von ihnen dazu aufgefordert

Die Köpf... ..., Nase, Mund, viel-
gen Lehr... ...Haare. Erstaunlich ist
wurden... ...efindlichkeiten
schlager... ...änderungen des
... ...ch werden. Diese
... ...entstehen anfäng-
... ...gen mit der Latte
... ...o daß Sie sich vom
... ...Plastik überraschen

lassen können. Betrachten Sie Ihr
fertiges Werk genau, so können Sie
im nachhinein beobachten, welche
Schläge dem Kopf seinen Ausdruck
gaben. Sind die Augen dicht zusam-
mengerückt und stehen etwas
schräg, entsteht ein nachdenklich
kritischer Blick. Ist die Stirn nach
hinten fliehend und die Nase breit

und flach wirkt es etwas agressiv, oder ist der Mund v-förmig und zeigt damit ein verschmitztes Lächeln. Gönnen Sie sich den Spaß, und schlagen Sie noch einige Lehmköpfe. Sie werden merken, wie Ihre Erfahrung und Ihr Mut zur Plastik wachsen.

Große Rundplastiken können Schicht für Schicht aus feinteiligem Lehm aufgebaut werden (siehe Zeichnung). Es ist auch möglich, das Innere einer großen Plastik aus einem Strohleichtlehm zu formen und die äußeren Schichten dann mit einem feinteiligen Lehm aufzubringen.

Soll es schnell gehen, kann ein Grundgerüst, z.B. aus Holz oder Weiden, gebaut werden. Auch abgebrochene Äste, alte Stühle oder Kisten können zu einer Plastik anregen.

Lehmfrauen: Um die senkrechten Leisten eines Regals wurden diese Lehmfrauen aus einem Langstroh-Lehm-Gemisch geformt. Die Leisten sind ihre Wirbelsäule und geben ihnen den nötigen „inneren" Halt. Wie beim Aufbau eines Stakenreliefs wird das Langstroh-Lehm-Gemisch mit beiden Händen der Wanne entnommen und grob zu einer Wulst

Vier Frauen formten vier Frauen. Das eigene Körpergefühl fließt beim Formen in die Plastik ein.

gedrückt. Diese Wulst wird dann um die Leiste herumgelegt, auf der Rückseite verkreuzt und festgedrückt.

Schaf: Besteht schon eine genaue Vorstellung über eine große Plastik, beispielsweise ein Schaf, kann ein innen hohles Gerüst gebaut werden.

Im Bauch dieses Schafes befindet sich ein Weidengerüst. Dazu werden Weiden rundgebogen und unten zusammengebunden. Diese Bögen werden nun in Form des Grundrisses der Plastik in einen Untergrund gesteckt. Anschließend werden Weiden längs um das Gerüst gelegt und an den Kreuzungspunkten festgebunden. So entsteht ein korbähnliches Grundgerüst. Dieses Körpergestell wird anschließend mit etwa handgroßen Fladen eines Hobelspan-Lehm-Gemisches überdeckt. Auch Stroh- oder Heu-Gemische würden sich hierfür eignen. Auf die getrocknete Fladenschicht wird dem Schaf dann das „Fell" übergezogen. Dazu werden kleine Klümpchen eines feinteiligen Lehms aufgesetzt. Der Kopf besteht ganz aus Lehm und wird in zwei Etappen geformt. An den Ohrenansatzstellen werden im zweiten Schritt Holzstückchen in den Kopf gedrückt. Sie ragen ein Stück aus dem Kopf heraus und werden mit Lehm ummantelt. Durch diese innere Befestigung verringert sich die Gefahr des Abbrechens der Ohren.

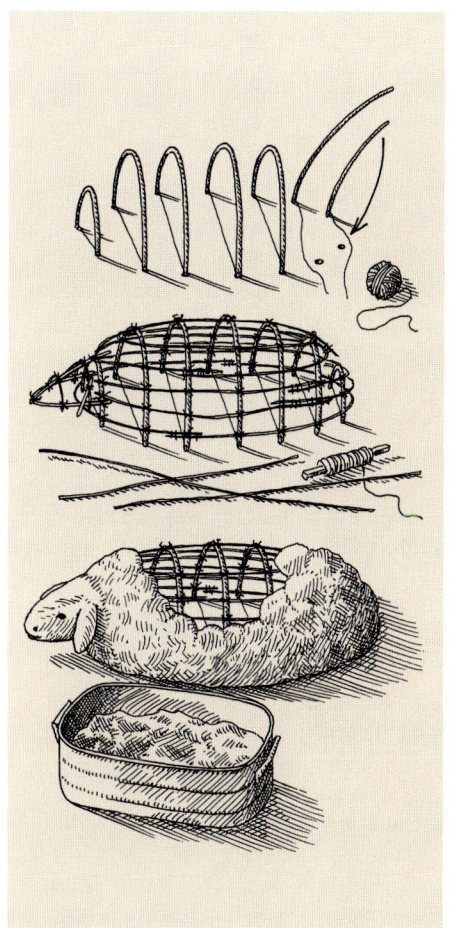

Ein Schaf aus Lehm kann auch in Lebensgröße entstehen. Ein Grundgerüst aus biegsamen Ruten bildet das Innenleben. Darüber wächst das Schaffell aus einem Holzspan- oder Stroh-Lehm-Gemisch.

35

Bauen mit Lehm

Lehm gehört zu den ältesten Baustoffen der Menschheit. Bis auf die Eisgebiete wird in der ganzen Welt mit Lehm gebaut. Entsprechend den jeweiligen örtlichen Gegebenheiten haben sich die verschiedensten Lehmbautechniken entwickelt. Lehm ist fast überall in nicht allzu großen Entfernungen zu finden, so fallen keine langen Transportwege an. Da er nicht gebrannt werden muß, ist er ein Baustoff, der sehr wenig Energie benötigt. In den letzten Jahrtausenden reichte die Muskelenergie für seine Aufbereitung aus. In der heutigen schnellebigen Zeit wird er auch mit Maschinen aufgearbeitet. Der Energieverbrauch dieser Maschinen ist jedoch verschwindend gering im Verhältnis zu dem Energiebedarf bei heute üblichen Bauverfahren. Mit der maschinellen Aufbereitung ist der Lehm zu einem neuen ökologischen Baustoff geworden. Durch seine Eigenschaft, sich in Wasser wieder auflösen zu können, wird er zu einem sofort vollständig wiederverwendbaren Baumaterial. Häuser, die nicht mehr bewohnt werden, zerfallen, werden wieder zu Erde und nicht zu Sondermüll, wie viele der heutigen Bauten.

Die Erde Lehm gehörte schon vor dem Bauen von Häusern zum natürlichen Lebensraum der Menschen.

Unser Körper hat sich an den Lehm angepaßt, er ist gesund für uns. Kinder können sich beim Bauen vollständig mit Lehm beschmieren, ohne dabei Schaden zu nehmen. Auf diese Weise können Sie ungezwungen mit dem Material umgehen und sich ganz auf die Arbeit konzentrieren.

Lehmbauten bewirken ein ideales Raumklima, weil der Lehm die Fähigkeit hat, große Wasserdampfmengen zu puffern. Das heißt, wenn die Luftfeuchtigkeit sehr hoch ist, kann er viel Wasser aufnehmen und speichern, bis zu dem Zeitpunkt, wo die Luft sehr trocken ist. Dann gibt er das Wasser wieder ab. Lehmräume haben so eine konstante Luftfeuchtigkeit von ungefähr 50 % (± 5 %). Das ist der Wert, bei dem wir uns am wohlsten fühlen. Besonders für Leute, die Schwierigkeiten mit den Atmungsorganen und der Haut haben, ist das Leben in Lehmräumen eine Hilfe.

So hoch hinaus wie beim Wohnhausbau soll es hier natürlich noch nicht gehen. Alles muß klein beginnen. Eines der schönsten Kinderspiele ist das Budebauen. Möglichst rundgewölbt, niedrig und dunkel sollte es in einer solchen Bude sein. Erst dann ist es so richtig gemütlich. Auch die „Großen" sitzen gern geschützt in einer lauschigen Weinlaube oder unter einem Felsvorsprung, um weit ins Land zu schauen. Und wie viele träumen von Hauswänden,

die sie nach ihren Wünschen um sich bauen möchten. Ob klein oder groß, den Wunsch, von einer Umhausung geschützt zu sein, haben alle. Da sind Spielhäuschen und Hütten aus Lehm gerade das Richtige. Die Kinder können sich ihre Häuser selbst bauen und schon mal ein bißchen „groß" sein. Und die Erwachsenen können beim Budebauen auch mal wieder spielen. Vielleicht bekommen Sie sogar Lust, etwas größer in Lehm zu bauen? Gartenlauben, Schuppen oder auch Garagen gehen dabei schon fast über Versuchsgrößen hinaus.

Papierlehmhütte
Benötigt werden:
- 1 bis 10 Mitarbeiter
- 15 bis 20 kinder- bis mannshohe Stöcke, Holzlatten, Ruten (z.B. Weiden)
- Strick oder Draht
- 2 bis 3 Babybadewannen ungemagerter Lehm
- 1 bis 2 Kataloge oder Illustriertenpapier

Diese Hütten können direkt auf der Erde oder auch auf einer Holzunterlage, z.B. einer Palette, gebaut werden. Ist die Grundform (rund oder eckig) gewählt, wird sie auf dem Untergrund markiert. Im Abstand von ungefähr 20 cm werden nun Holzlatten in den Untergrund gesteckt. Bei Holzunterbauten sollten Löcher vorgebohrt werden. Diese

Papierlehmhütten können aus geraden Hölzern oder aus rundgebogenen weichen Ästen entstehen. Dünnflüssiger Lehm klebt die einzelnen Glanzpapierseiten zusammen.

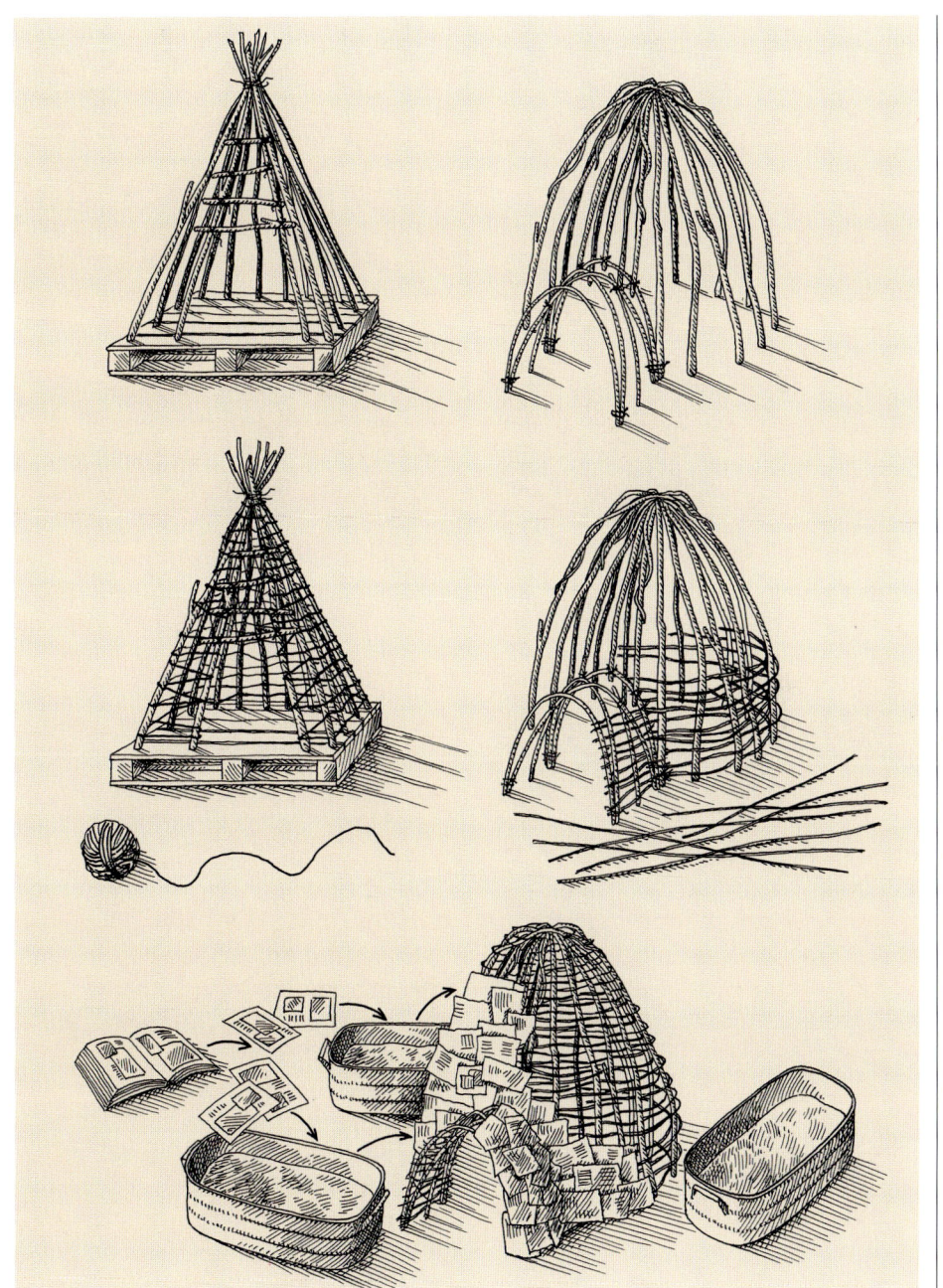

Papierlehmhütte. Glanzpapier durch eine Lehmschlämme gezogen und aufeinandergeklebt, bildet eine Zeltbahn, die einen Sommer lang hält. Hier wird das Papier bereits von einer Lehmschicht bedeckt.

müssen etwas schräg nach innen geneigt sein, damit sich die Stangen, wie bei einem Tipi, am oberen Ende treffen. Stehen biegsame Äste von Weiden oder Haselnußsträuchern zur Verfügung, können auch Rundhütten gebaut werden. Dazu werden zwei gegenüber eingesteckte Ruten zum Inneren der Hütte hin rund zusammengebogen. Die Enden müssen ungefähr 50 cm überlappen und werden umeinander gewunden, wie Sie es von den Henkeln der Körbe kennen. Damit die Rutenäste noch biegsam sind und nicht brechen, dürfen sie jedoch längstens einen Tag vorher geschnitten werden. Gelingt es nicht mehr, sie umeinander zu winden, werden sie einfach zusammengebunden. Damit ein vollständiges Gerüst entsteht, müssen die Längsstaken jetzt Querverbindungen bekommen. Sind kleine Äste vorhanden, können diese eingeflochten werden. Dabei wird immer das dicke Ende zuerst eingefädelt. Weiter geht es wie beim Strümpfestopfen – einmal drüber, einmal drunter. Zwischen die Holzstaken kann alternativ auch ein Netz aus Strick oder Draht gebunden werden.

Nach der Fertigstellung des Grundgerüstes kann nun mit dem eigentlichen Lehmbau begonnen werden. Der Lehm wird eingesumpft und gut gestampft oder mit der Hand durchmischt. Hat er eine dickflüssige Konsistenz erlangt, ist er

brauchbar. Nun werden Glanzpapierzeitungen in einzelne Seiten zerpflückt. Diese Arbeit macht in einer Gruppe besonderen Spaß. Je ein Blatt wird anschließend über die Lehmoberfläche des Lehmschlickers gezogen, so daß an der Unterseite der Lehm kleben bleibt. Ist er noch zu dick, bleibt zuviel Lehm hängen, und die Ecken des Papiers reißen ab. Ist der Lehm aber zu dünn oder schlecht durchmischt, bleibt zu wenig hängen, und die Blätter rutschen voneinander ab. Beteiligen sich mehrere Personen am Bau, sollten um die Hütte herum 3 bis 4 Schüsseln mit Lehm aufgestellt werden. So kommt es zu einer gleichmäßigeren Verteilung der Papiere. Je dicker die Papier-Lehm-Schicht wird, um so länger hält die Hütte. Mit 10 bis 15 Schichten überdauert sie gut einen langen Sommer. Zusätzlich kann ein Putz aus einem Sand-Lehm-Gemisch aufgebracht werden. Dieser verhindert, daß die Papiere sich mit der Zeit lösen und davonfliegen. Bei einem dicken Schichtaufbau ist jedoch auf die Tragfähigkeit des Unterbaus zu achten.

Im Winter müßte die Hütte vor Feuchtigkeit geschützt werden. Sie können sie aber auch im Herbst zum Papierofen (siehe Seite 96 ff.) umfunktionieren. So kann, vielleicht sogar mit anderen Freunden, der Spaß am Bau einer Sommerhütte jedes Frühjahr neu beginnen.

Strohlehmhütte

Benötigt werden:

- 4 bis 15 Mitarbeiter
- 15 bis 20 Stöcke oder Ruten, etwa 2,00 m lang (für eine Hütte mit einer Höhe von etwa 1,50 m)
- kleine Seitenäste oder Strick oder Draht
- 6 bis 10 Babybadewannen Lehm
- 4 bis 7 Babybadewannen Sand
- Stroh (2 kleine Päckchen aus dem Mähdrescher oder 2 bis 3 vollgestopfte Bettbezüge)

Langlebiger als die Papierhütte ist ein Spielhaus, das mit Strohleichtlehm gebaut wurde und einen Lehmputz bekommt. Hierzu wird wieder ein Grundgerüst gebaut. Wie bei der Papierhütte kann es aus geradem Holz oder gebogenen Ästen bestehen. Durch die nach innen geneigten Wände kann es allerdings in den Eingang regnen. Wird jedoch ein kleiner Eingangstunnel gebaut, so wie er auch bei einem Iglu zu finden ist, wird das Hütteninnere besser vor Feuchtigkeit geschützt. Steht das Gerüst, kann mit dem Wandaufbau begonnen werden. Damit das doch recht zarte Gerüst die Lehmwandung auch tragen kann, wird eine leichte Lehmmischung verwendet. Diese ist folgendermaßen herzustellen: Der zuvor gesumpfte Lehm wird gut gestampft, so daß er keine Klumpen mehr aufweist. Nun wird Wasser zugegeben, bis eine dickflüssige Mi-

Die Rundhütte zum Spielen wird mit einem Strohleichtlehm bedeckt. Als Wetterschutz sollte darauf ein Lehmputz aufgebracht werden.

39

Strohlehmhütte mit einem Wetterschutz aus Riesengras, bei der noch etwas Lehmputz hervorschaut. Auch dieses Stückchen muß noch abgedeckt werden.

schung entstanden ist. Ist alles Wasser untergemischt, kann begonnen werden, das Stroh zuzugeben und in den Lehm einzutreten. Dabei wird jeder Halm ganz vom Lehm ummantelt. Wenn das nicht der Fall ist, klebt das Stroh nicht aneinander und wird später einfach von der Wand abrutschen. Es wird solange Stroh in die Wanne gegeben, bis beim Eintreten kein flüssiger Lehm mehr von unten hochgedrückt wird. Nun können mit beiden Händen zugleich größere Fladen herausgenommen und auf das Gerüst gelegt werden. Damit sie nicht herunterrutschen, können die Fladen etwas zwischen die Querverflechtungen gestopft werden. Wenn Sie den Strohleichtlehm von unten nach oben und ringsherum gleichmäßig auf dem Hüttengerüst verteilen, bleibt es stabil und verschiebt sich nicht. 10 cm Wandstärke können auf einmal aufgebracht werden. Soll die Hütte noch dickere Wände bekommen, muß gewartet werden, bis die untere Schicht etwas fest geworden ist, dann kann weitergebaut werden. Um den Strohlehm vor Feuchtigkeit und Verrottung zu schützen, wird er noch mit einem 3 bis 4 cm dicken Putz aus einem Sand-Lehm-Gemisch bedeckt. Sind Sie sich in dem Mischungsverhältnis für den Putz noch nicht ganz sicher und befürchten Risse, so lassen Sie die aufgebrachte Putzschicht trocknen. Wenn beim Trocknen keine

Risse entstehen, so haben Sie schon ein gutes Gefühl für den Lehm. Reißt er, so verwenden Sie mehr Wasser zum Einsumpfen des Lehms. Dann wird er breiiger, und Sie können mehr Sand zum Magern dazugeben. Die Risse im Unterputz können Sie nun mit der neuen Mischung zustreichen.

Kriechen Sie nun in die Hütte, sind Sie umgeben von Strohlehm und sitzen wie in einem Strohnest in einer Scheune. Möchten Sie aber lieber unter einer Kuppel sitzen, so wird der Innenraum ebenfalls noch verputzt.

Einen zusätzlichen guten Wetterschutz können Sie der Hütte geben, indem Sie ihr ein Dach aufsetzen. Dazu können die verschiedenartigsten Materialien (Stücke von Schilfrohr, Bambus, Elefantengras, Rindenstücke, kleine Holzbrettchen) wie Schuppen in den Lehmputz eingearbeitet werden. Die untere Hälfte der Schuppe schaut hervor, über die obere wird zur Befestigung Lehmputz gestrichen. Genau darüber kommt das nächste sichtbare Stück der darüberliegenden Schuppe.

Durch diese eingebauten Materialien wird das Aus- und Wegspülen des Lehms verhindert. Wichtig ist jedoch, daß Sie die leichte Lehmwand nicht allzusehr beschweren.

Spielhäuschen ohne tragende Hilfskonstruktion

Bei dieser Bauart übernehmen die Wände selbst die tragende Funktion. Das bedingt, daß sie dick und fest gebaut werden müssen. Hierfür können Lehmgemische mit Sand, Stroh und Holzspänen verwendet werden. Diese Gemische müssen ziemlich schwer sein, damit ihnen die Festigkeit und Tragfähigkeit nicht verlorengeht. Also gerade soviel Magerungsmittel in den Lehm geben, daß dieser nach dem Trocknen nicht reißt.

Aus einem solchen Lehmgemisch werden Klumpen oder Lehmbrote geformt. Damit sie aneinander haften, werden sie zusammengeklopft. Aber Vorsicht dabei! Wird zu stark geklopft, werden die Klumpen zerdrückt, und die Wand wird mit der Zeit immer breiter. Sollte dies doch geschehen, vielleicht durch zu großen Baueifer, so umfassen Sie die Mauer von oben, und klopfen Sie diese mit beiden Händen von unten nach oben treibend wieder auf das richtige Maß. Auch wenn die Mauer auf einmal zu hoch gebaut wird, wird sie langsam breiter. Selbst in diesem Fall kann sie wieder nach oben geklopft werden. Nach solch einer Schlankheitskur sollten Sie ihr jedoch erst einmal eine Ruhepause zum Trocknen gönnen.

An einem Tag kann die Mauer 25 bis 30 cm hoch gebaut werden. Diese Naßlehmtechnik ist also gut geeignet, wenn über einen langen Bauzeitraum täglich nur einige Stunden gearbeitet werden kann.

Soll das Häuschen in kürzerer Zeit aufgebaut werden, sollten vorher geformte und getrocknete Steine oder Klumpen verwendet werden. Für diese Steine wird ein Lehmmörtel, der aus der gleichen Mischung besteht, breiig angerührt. Mit dem Mörtel können Sie dann die Mauer hintereinander aufsetzen.

Bevor aber mit dem Mauern begonnen wird, sollten Sie sich Gedanken über die Gestalt des Häuschens machen.

Da keine Rücksicht auf die geraden Linien und Winkel einer Holzkonstruktion genommen werden muß, kann dem Formenspiel freier Lauf gelassen werden. Rundliche Formen, in die Sie sich so richtig einkuscheln können, oder auch runde Höhlenformen bieten sich an. Gewundene, schlängellinienförmige Wände erhöhen zudem deren Festigkeit. Nischen können in die Wand eingelassen werden, Regale aus ihr herauswachsen.

Fenster und Türöffnungen werden natürlich auch benötigt. Ohne die Unterstützung durch Hölzer sind auch hier rundliche Formen am stabilsten. Die obere Hälfte der Rundung einer Öffnung kann mit Hilfe einer biegsamen Platte errichtet werden. Dazu wird eine Platte (Spanplatte, Blech oder Kunststoff) zur Wölbung gebogen, anschlie-

Die Lehmwand zwischen den Fenstern ist so unregelmäßig „gewachsen", daß sie einem Baumstamm ähnelt. Daraus entwickeln sich dann auch noch Äste und Wurzeln.

Mit Schilf, langem Stroh oder Riesengras können Dachkonstruktionen gedeckt werden. Bei der Größe des Daches sollte darauf geachtet werden, daß auch die Lehmwand vollständig vor Regen geschützt wird. Das nachträgliche Aufsetzen des Daches erleichtert dessen Bau.

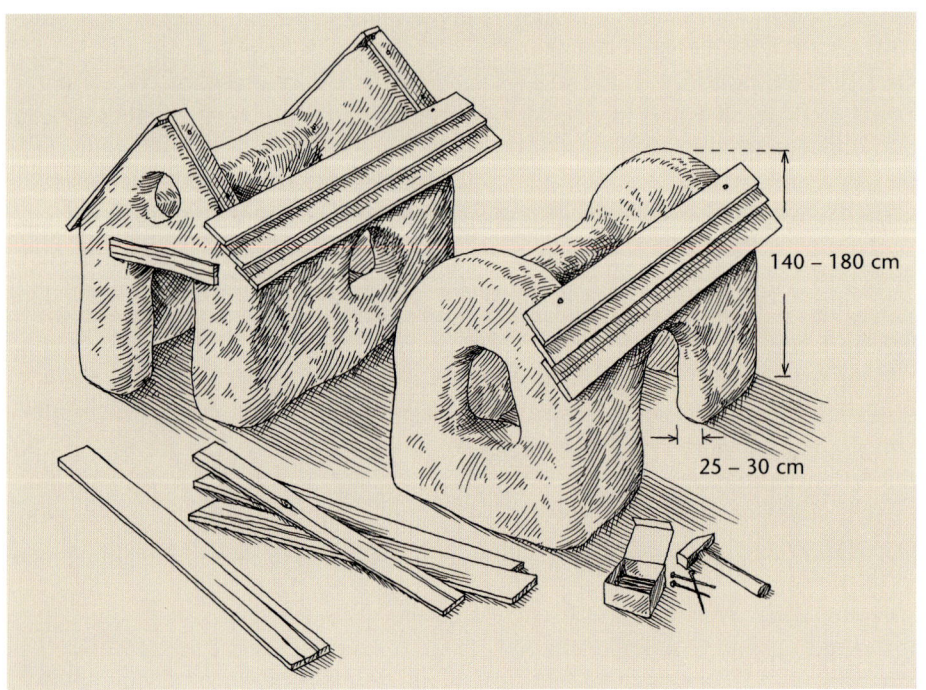

140 – 180 cm

25 – 30 cm

Aus Lehmklumpen oder Lehmsteinen werden diese Häuschen ohne Unterstützung durch eine Holzkonstruktion gebaut. Fenster- und Türöffnungen können über eine biegsame Schablone, die wieder entfernt wird, oder mit Holzstürzen gebaut werden.

ßend werden beide Seiten in den Lehm gesteckt. Dann wird eine etwa 5 cm dicke Schicht Lehm auf die Platte aufgebracht. Ist diese Schicht bis zum folgenden Tag etwas fest geworden, kann die nächste Schicht aufgebracht werden. Wenn das Häuschen bis zur Fensterhöhe aufgebaut ist, haben Sie wahrscheinlich schon ein Gefühl dafür bekommen, wie stark der Bogen bereits mit der nächsten Schicht belastet werden darf. Ist der Bogen richtig festgetrocknet, wird die gebogene Platte wieder herausgezogen.

Wie kann nun aber das Häuschen vor Wetter geschützt werden?

Der Grundriß bestimmt die verschiedenen Möglichkeiten.

Rundhütten können ein Kuppeldach bekommen. Dieses wird wie ein Backofen aus Lehmbroten gebaut (siehe Seite 51), nur etwas größer. Auf der Kuppel müßte dann noch ein leichter Wetterschutz fest angebracht werden (z.B. aus Schilf, Birkenrinde oder leichten Holzschindeln). Für ein Haus ohne Kuppel könnte ein extra Dach, ähnlich der Papierhüttenkonstruktion, gebaut werden. Gedeckt wird dieses mit Schilf oder Riesengras. Dazu werden 30 cm lange Stücke zu Bündeln gebunden und an Querverbindungen der Staken befestigt.

Bei eckigen Häuschen kann ein Giebel mit aufgemauert werden. Auf den Giebelschrägen wird mit langen Nägeln oder Schrauben, die

in den noch feuchten Lehm eingeschlagen bzw. eingedreht werden, ein dickes Brett oder eine Bohle befestigt. Daran können nun schuppenartig Bretter genagelt werden.

Die Bohle und damit auch die Bretter sollten einen Dachüberstand von 20 bis 30 cm haben. So tropft das Regenwasser auf die Erde und nicht an die Lehmwand. Die Bretter können jedoch auch glatt nebeneinander angenagelt werden. Allerdings würde es dann hineinregnen, und ein zusätzlicher Schutz wird benötigt. Wie wäre es mit einem Gründach?

Lehmhäuschen mit Holzständerwerk

Haben Sie schon etwas Erfahrung mit dem Holzbau oder wollen Sie sich einmal darin probieren, so ist ein Spielhaus ein gutes Projekt für den Anfang. Hierbei ist es nicht unbedingt erforderlich, auf das Genaueste zu bauen. Seine Funktion, spielende Kinder zu beherbergen, verliert das Häuschen durch kleine Anfangsfehler bestimmt nicht. Lassen Sie sich bei der Planung noch einmal von einem Holzfachmann beraten und vielleicht etwas Mut zusprechen, dann können Sie genauso wie viele andere mit Säge, Bohrer und auch Stechbeiteln umgehen, selbst wenn diese mit Motoren betrieben werden.

Ist die Holzständerkonstruktion errichtet, können Sie an das Aufbauen der Wände gehen. Da diese keine Last zu tragen haben, können sie wesentlich dünner sein als beim Lehmhaus ohne Stützkonstruktion. In den meisten Fällen werden die Wände ebenso dick wie die Holzständer gebaut.

Je nachdem, welche Materialien in den unterschiedlichen Gebieten am häufigsten vorhanden waren, wurde in der Vergangenheit auch die Art des Wandaufbaus gewählt. In Gegenden mit viel Wasser wachsen auch viele Weiden. Ihre Ruten werden im Winter geschnitten und getrocknet. Im Sommer, wenn Sie zum Bauen benötigt werden, müs-

43

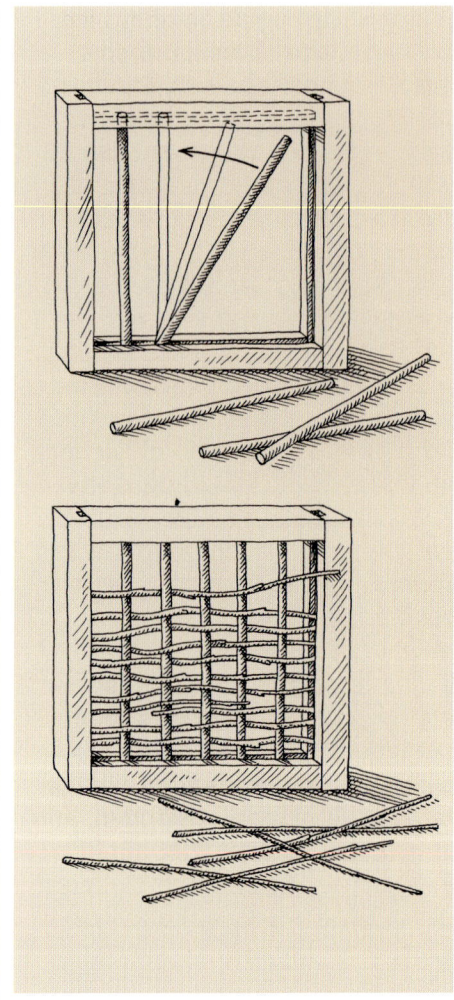

Im Giebel ist beim Spielen ein Stück Fensterumrandung ausgebrochen. Aber der Sommer kommt bestimmt, und die Kinder können ihr Spielhaus wieder reparieren.

Lehmhäuschen mit Holzständerwerk. Meist werden Weidenäste für das Flechtwerk verwendet. Dickere Stöcke werden in die Kehlen der Holzkonstruktion fest eingesetzt. Dazwischen werden die weicheren kleinen Äste eingeflochten.

44

sen sie 8 bis 14 Tage eingeweicht werden. Dadurch bekommen sie ihre Biegsamkeit zurück. Frisch geschnittene Ruten sollten nicht verwendet werden. Beim Trocknen schrumpfen sie noch, und das Geflecht aus ihnen würde sich lockern. In die Wand wird also so etwas wie ein gerader Korb geflochten. Dazu werden 2 bis 3 cm dicke Weiden senkrecht in den Holzrahmen eingesetzt. Damit sie auch halten, wird vorher in die Balken unten und oben eine Kehle von 2 cm Breite geschlagen. Die Kehle sollte etwas schmaler sein, als die Weidenruten stark sind. Dickere Weidenstaken können mit dem Beil angespitzt werden. Allerdings nur soviel, daß sie nach dem Einsetzen richtig fest in der Kehle sitzen. Es wird immer eine ungerade Zahl von Längsstaken eingefügt. Bei kleineren Balkenabständen werden 3 Staken eingesetzt, bei größeren Abständen, etwa 1 m, werden 5 Staken benötigt. So entsteht ein Stakenabstand von ungefähr 20 cm. Um nun auch die kleineren Weidenruten, die quergeflochten werden, zum Halten zu bringen, werden die Balken auch in ihren Längsseiten ausgekehlt. Hier genügt eine Kehle von etwa 1 cm Breite. Nun wird, wie beim Stopfen, das ganze Fach ausgeflochten.

Ist das Geflecht vollendet, kann mit dem Lehmbau begonnen werden. Dazu wird ein weiches Strohhäcksel-Lehm-Gemisch oder ein

Holzspan-Lehm-Gemisch verwendet. Die Wand wird mit dem Lehm beworfen. So gelangt er bis in die Zwischenräume des Weidengeflechtes und wird dabei gleichzeitig verdichtet. Der Anwurf erfolgt von beiden Seiten gleichzeitig. Dazu stellen sich zwei Personen gegenüber (nur das Weidengeflecht trennt sie) und werfen gleichzeitig den Lehm an die vorher verabredete Stelle. Diese Beschäftigung ist ein spannendes Spiel, denn wehe einer hält sich nicht an die Verabredung oder wirft im falschen Augenblick. Zum Glück ist der Lehm aber nicht giftig und auch wieder abwaschbar.

Holzkonstruktion für ein Spielhaus in der Größe eines Gartenhäuschens. Die angenagelten Staken weisen schon auf ein Ausfachen mit einem Langstroh-Lehm-Gemisch hin.

Die Lehmsteinformen und auch die Steine wurden von Jungen gebaut. Obwohl sie nicht ganz gerade sind, werden sie doch vom Lehmmörtel gut gehalten.

Ist die Wand fertig beworfen, kann sie glatt gestrichen werden oder als Fläche für ein Relief dienen. Auch ein Putz aus einem Sand-Lehm-Gemisch kann aufgebracht werden. Dazu muß die Wand allerdings jeweils 1 cm schmaler sein als der Balken, damit der Putz bündig abschließen kann. Dieser Putz schützt die Wand etwas vor Auswaschungen durch Regen.

In waldreichen Gegenden wurden früher Stakenfachwerke errichtet. Dabei wurden dickere Stämme mit der Axt zu 3 cm dicken und 5 cm breiten Staken gespalten. Es können aber auch Latten (z.B. Dachlatten) verwendet werden. Die Staken werden entweder wieder in Kehlen eingesetzt, oder Sie nageln eine Latte an den Balken, an der Sie dann die Staken befestigen können.

Der Stakenabstand ist der gleiche wie beim Weidengeflecht. Um die Zwischenräume zwischen den Staken zu schließen, wird ein Lehmgemisch mit langem Stroh verwendet. Beim „Stakenrelief" und der „großen Rundplastik" hatten Sie bereits Gelegenheit, Staken mit Wülsten aus Langstrohlehm zu umwinden. Ist die Wand fertig, kann auch ihre Oberfläche noch bearbeitet werden. Solche Wände lassen sich übrigens schwerer wieder abbauen als eine gemauerte Ziegelwand.

Das Fachwerk kann jedoch auch mit Lehmsteinen, die in einer Form hergestellt worden sind, ausgemau-

ert werden. Zur Steinherstellung wird die Holzform längere Zeit in Wasser eingeweicht. Anschließend werden die Innenflächen der Form mit Sand eingepudert, so, als würden Sie eine Backform einfetten. Nun wird ein krümeliges Sand-Lehm-Gemisch mit aller Kraft in die Form geworfen. Durch den Aufprall klebt der Lehm zu einem Stein zusammen. Mit einer Holzlatte, die sägend hin und her bewegt wird, kann der oben überstehende Lehm entfernt werden. Nun wird die Form von der Unterlage genommen und unter Schräghalten an den Trocknungsort für die Steine getragen. Haben Sie die Form mit dem Stein dort abgelegt, muß sie mit ruckenden Bewegungen nach oben abgezogen werden. Sind die Steine soweit getrocknet, daß sie fest sind, werden sie mit Lehmmörtel vermauert. Dieser besteht aus der gleichen Mischung wie die Steine, wird jedoch breiig angerührt.

Backöfen

In der Vergangenheit gehörte das Backen des täglichen Brotes für viele zu den Alltagsverrichtungen. Noch in der kargen Nachkriegszeit waren viele der alten Backöfen in Funktion. Heute bringt der Wunsch nach gesundem Leben und gemeinschaftlichem Tun die Holzbacköfen wieder in Erinnerung, wobei die Öfen in unterschiedlichen Gegenden auch sehr verschiedenartig gebaut wurden. In manchen Gebieten hatte jedes Haus einen Backofen, in anderen betrieb ein ganzes Dorf gemeinsam einen Ofen in einem Backhaus. So verschieden die Bauarten der Backöfen in den unterschiedlichen Gegenden auch sind, funktionieren sie doch alle auf die gleiche Weise. Im Backraum des Ofens wird mit Holz ein Feuer entfacht und unterhalten. Die sehr dicken Wände speichern die Hitze des Feuers. Sind sie genügend aufgeheizt, wird die Glut herausgezogen, der Ofen gereinigt und das Backwerk in den Ofen geschoben. Die in den Wänden gespeicherte Hitze bäckt nun den Teig. Je dicker die Wände sind, um so länger und damit auch mehr kann gebacken werden.

Bei den in diesem Buch beschriebenen Backöfen entweicht der Rauch des Feuers aus dem Mundloch. Es hätte nicht viel Sinn, Schornsteine für diese Öfen aus Lehm zu mauern, da sie bald durch die Witterung zerstört würden.

Ofentüren

Es ist wichtig, daß beim Backen keine Hitze entweichen kann. Zum Bau von Ofentüren kann somit alles Material verwendet werden, was dies bewirkt, z.B. große Steine oder beispielsweise Ofentüren aus Herden, wie sie Anfang des Jahrhunderts gebaut wurden.

Es läßt sich aber auch leicht eine Tür aus Holz herstellen. Dazu wird eine Papierschablone von der Größe der gebauten Ofenöffnung auf dicke, nebeneinanderliegende Bretter gelegt und nachgezeichnet. Nun werden zwei Leisten quer zu den Brettern aufgenagelt. (Vorsicht, nageln Sie nicht zu nahe am Rand!) Auf diese Weise haben Sie die Bretter zu einer Holzplatte verbunden. Jetzt kann die Ofentür ausgesägt werden. Zum Schluß wird als Griff eine Leiste quer zu den schon vorhandenen angenagelt.

Wetterschutz

Mit Einrichtungen zum Wetterschutz beschäftigten sich die Menschen in früheren Zeiten nicht. Die Öfen wurden einfach auf die Erde gebaut und hielten eben solange wie möglich. Waren sie kaputt, wurde ausgebessert oder ein neuer Ofen gebaut. Wollen Sie jedoch Ihren Backofen über längere Zeit betreiben, so sollte eine Möglichkeit

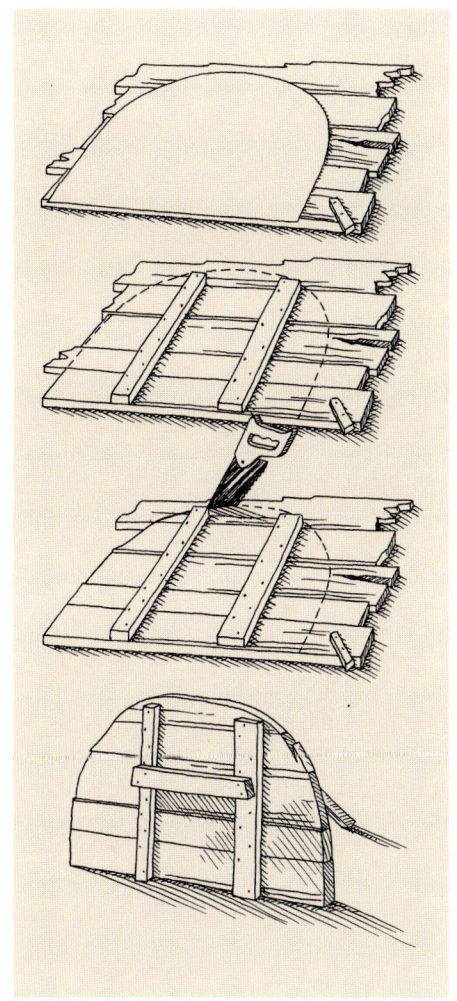

Ofentür für Backofen. Sie läßt sich leicht aus Brettern bauen. Innen mit Blech beschlagen, trotzt sie noch besser der Hitze im Ofen.

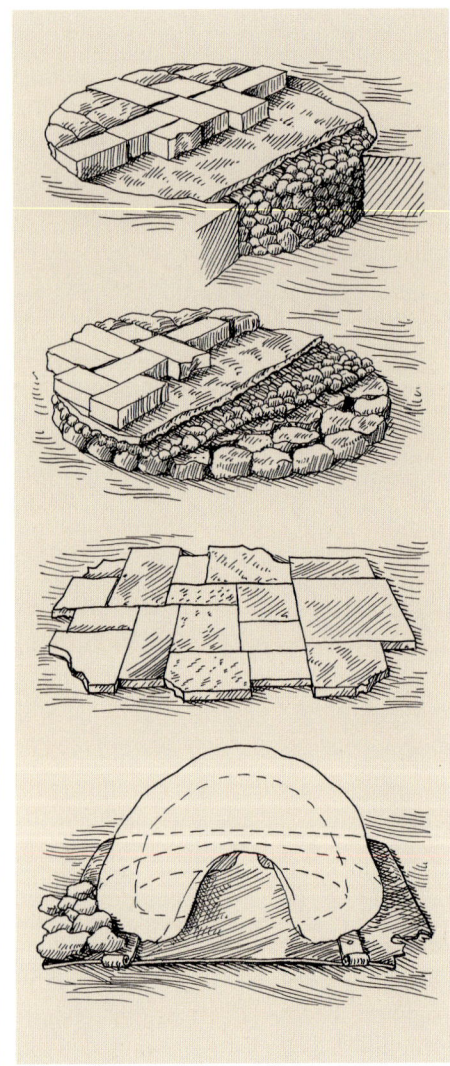

Der Schutz gegen aufsteigende Nässe kann verschiedenartig sein. Auf den Unterbau wird dann noch eine glattgestrichene Schicht Lehm als Boden für den Ofen aufgebracht.

gefunden werden, ihn vor Nässe von oben und unten zu schützen. Auch hier gilt: Nehmen Sie, was Sie haben.

Aufsteigende Nässe kann mit verschiedenen Unterbauten abgehalten werden. Bei der ersten Möglichkeit wird eine ungefähr 30 cm tiefe Grube, die etwas größer als die Grundfläche des Ofens sein sollte, ausgehoben und anschließend mit Schotter oder gesammelten Flußsteinen wieder aufgefüllt. Darauf kommt eine etwa 4 cm dicke Lehmschicht, die vor dem Weiterbauen fest werden muß, damit sie nicht zu sehr zwischen die Steine rutscht. Anschließend können die Lehmbrote oder Steine geformt werden, die dann als wärmespeichernder Boden auf die festgewordene Unterschicht aufgemauert werden. Auch gebrannte Ziegelsteine können verwendet werden. Der Ofenboden sollte im Endeffekt mindestens 30 cm dick sein.

Eine andere Möglichkeit besteht darin, die Isolierung auf dem Erdboden aufzubauen. Feldsteine, in der untersten Schicht möglichst große, werden in der Grundform des Ofens ausgelegt. Darauf kommen etwas kleinere Feldsteine und der schon beim Schotterbett beschriebene Ofenboden.

Wasserundurchlässig ist natürlich auch Beton. Vielleicht finden sich noch alte Gehwegplatten oder gar eine betonierte Fläche als Unterbau

für den Backofen. Beton harmoniert zwar nicht recht mit dem natürlichen Baustoff Lehm, kann aber hier gut wiederverwendet werden und damit den Müllberg entlasten. Zwischen den glatt aufeinanderliegenden Betonplatten entstehen keine Hohlräume, so daß die Platten und das Erdreich mit als Wärmespeicher dienen können. Der Backofen kann in diesem Fall auch gleich auf der Erde gebaut werden. Allerdings, je höher der Backraum liegt, um so bequemer läßt es sich heizen und backen.

Eine weitere Möglichkeit der Isolierung bietet die Verwendung einer alten Blechplatte. In diesem Fall könnten ein paar Steine um die Ofenwand herumgelegt werden, um die Platte etwas zu verdecken.

Ein Schutz vor Niederschlägen kann auf unterschiedliche Weise erreicht werden. Bereits eine größere Wandstärke bietet dem Ofeninneren einen gewissen Schutz.

Anstriche (siehe Seite 61) können die Ofenkuppel nicht nur schützen, sondern auch mit Farbigkeit schmücken.

Steine, die kein Wasser aufsaugen können, und damit auch nicht zerfrieren, können in die weiche Lehmoberfläche eingedrückt werden. Auf Spaziergängen oder am Meer finden Sie vielleicht sehr schöne Steine, die Sie eigentlich behalten wollen, aber nicht so recht wissen, wie sie aufbewahrt werden

könnten. In eine Ofenkuppel gedrückt, werden sie immer an schöne Erlebnisse erinnern. Mit flachen
Steinen kann die Kuppel auf diese
Weise wie mit einem Schuppenpan-
zer vor Regen geschützt werden.

Die bis jetzt beschriebenen Möglichkeiten bieten einen einge-
schränkten Wetterschutz, da das
Wasser immer noch direkt auf die
Ofenkuppel trifft. Die Mundöffnung
ist dabei besonders gefährdet. Wird
sie mit Steinen im und auf dem
Lehm verstärkt, kann ihre Haltbarkeit verbessert werden.

Langlebiger sind Öfen, die, wie im
folgenden beschrieben, geschützt
werden.

Bis in die jüngste Zeit wurden
Öfen auch mit Grassoden bedeckt.
Dazu werden auf eine dicke Lehm-
und Erdschicht, die hügelähnlich
auf den Ofen aufgebracht wurde,
Wiesenstücke gelegt, die vorher
mit dem Spaten ausgestochen
wurden. Als vordere Begrenzung
am Mundloch des Ofens wird dann
mit Maurermörtel eine Mauer aus
möglichst hartgebrannten Steinen
aufgemauert. Diese Mauer sollte
mindestens 2 Steine tief in den
Lehmhügel hineinragen. Oben
kann die Mauer gegen eindringen-
de Nässe mit alten Dachziegeln
oder verzinktem Blech, z.B. von einer ausgedienten Dachrinne, geschützt werden. Einige Wiesenkräu-
ter, die auf dem Ofen wachsen
können, wie Salbei, Schafgarbe

oder Thymian, können Sie dann
sogar mit verbacken.

In den feuchten Lehm können
aber auch Dachziegel gedrückt werden. Die unterste Schicht sollte, solange der Lehm noch weich ist, mit
einem Brett 5 bis 10 cm über dem
Erdboden gehalten werden. Ist der
Lehm getrocknet, kann das Brett
entfernt werden. Nun tropft der Regen seitlich der Ofenwand ab. Heu-
tige Dachziegel haben oft ein Loch,
durch das sie auf die Dächer genagelt werden. Auch auf dem Lehm ist
ein Annageln möglich. Ist der Lehm
zwar noch etwas feucht aber bereits
fest, geht dies besonders leicht. Damit die Dachziegel ihre richtige Stel-
lung erhalten, können sie zusätzlich
noch in Lehmmörtel eingebettet
und verstrichen werden.

**Bei der Neudeckung des Haus-
daches fielen viele alte Dachziegel
an, die nun den Backofen vor
dem Wetter schützen.**

Es ist jedoch auch möglich, erst
eine Dachlatte auf den Ofen zu nageln und dann die Dachziegel an
ihrer Nase aufzuhängen. Auch in
diesem Fall wird ihre gute Haftung
durch etwas Lehmmörtel erhöht.

Auch Backhäuser in vielen Varianten, z.B. mit einer Holzständerkonstruktion, können einen Backofen
vor dem Wetter schützen. Ist das
Backhaus groß genug, kann in ihm
auch das Feuerholz trocken gelagert
und Werkzeug untergestellt werden.

Bald kann im Hangofen gebacken werden. Er hat sich genügend aufgeheizt, und das Feuer ist fast heruntergebrannt.

Der Hangofen läßt sich gut in lehmhaltige Berge graben.

1,00 – 1,50 m

Hangofen

Bei diesem Backofen teilen Sie sich im Prinzip die Bauarbeit mit der Natur, denn diese stellt die Außenwände und Sie müssen nur noch den Ofenraum graben.

Dazu wird von einem steilen Lehmhügel oder einem lehmigen Berg ein Stück abgegraben, so daß eine gerade Wand entsteht. Dabei sollte 1,0 bis 1,5 m über dem obersten Punkt des Ofenloches der Berg noch ansteigen. Ist die natürliche Ofenwand über dem Ofen nicht hoch genug, durchfeuchtet sie bei längerem Regen und stürzt ein.

Das Loch, welches Sie graben, sollte die Form einer halben rundlichen Birne haben. Das flachere Ende befindet sich vorn, dann wölbt sich der Ofenraum nach hinten in die Höhe. Ist der Ofenraum gegraben, wird der Boden gut geglättet. Geht das mit dem Spaten schwer, kann etwas breiiger Lehm glatt aufgestrichen werden.

Nun wird ein Stein als Tür vor die Ofenöffnung gerollt und fertig ist der Backofen.

Kuppelofen ohne Hilfskonstruktion

Viele Klumpen werden zu einer runden Kuppel gebaut und bilden hier die Außenwand des Backofens. Dazu werden aus einem festen sandgemagerten Lehm Lehmbrote geformt, so wie Sie auch Klöße formen. Diese müssen etwas antrocknen, d.h. lederhart werden. Beim Klumpenformen können sich auch kleinere Kinder beteiligen. Statt eines großen Klumpens werden dann eben 2 oder 3 kleinere, von Kinderhänden geformte, vermauert.

Für den recht kleinen Ofen auf dem Foto, wurden Lehmbrote geformt, die Tortenstücken ähneln. Die Spitze ragt in die Mitte des Ofens, die hintere Seite bildet den äußeren Abschluß.

Das für die Steine verwendete Lehmgemisch dient, etwas breiiger angerührt, als Mörtel. Mit diesem Mörtel können nun die angetrockneten Klumpen aufgemauert werden.

Die Wölbung nach innen entsteht, indem die Lehmbrote bei jeder Runde etwas weiter nach innen aufgesetzt werden. Innen können sie mit dem Lehmmörtel zu einer glatten Wand verputzt werden. Beim Bauen werden Sie bemerken, daß immer nur ein gewisses Stück auf einmal aufgebaut werden kann, da sonst die Wand nach innen einbrechen würde. Es dauert also eine Weile, bis dieser Ofen fertiggestellt ist.

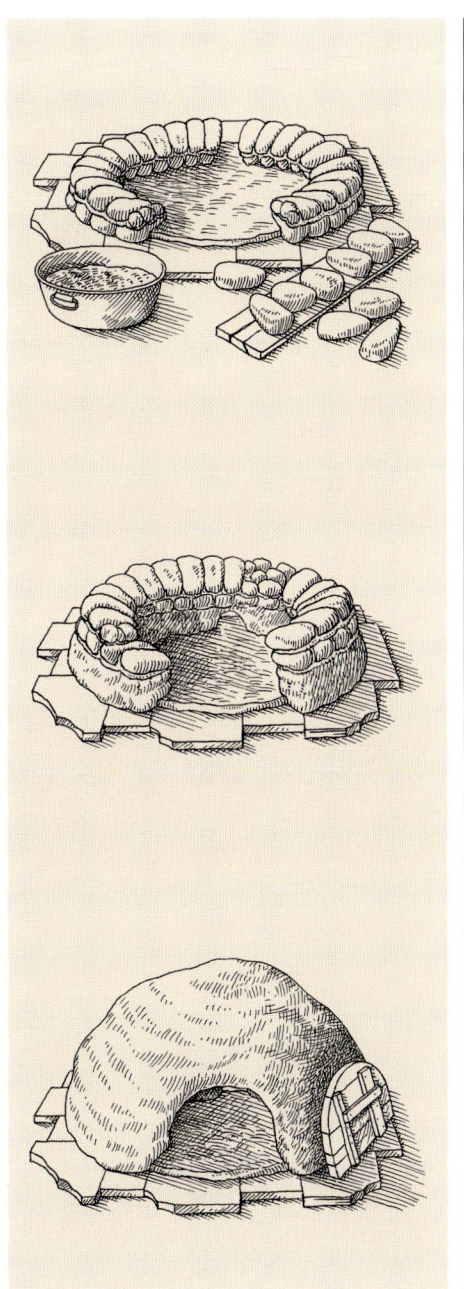

Der kleine Ofen reicht gerade aus, um für den Grillabend nebenbei das nötige Brot zu backen.

Kuppelofen ohne Hilfskonstruktion. Aus angetrockneten Lehmklumpen wird mit weichem Mörtel eine Kuppel aufgemauert. Wenn sie droht zusammenzustürzen, muß sie zunächst etwas festtrocknen, erst dann kann weitergebaut werden.

Runder Backofen mit einer Hilfs-konstruktion über einem Ruten-gerüst. Nach dem Trocknen der ersten Lehmschicht müssen min-destens noch zwei weitere folgen, damit genug Hitze zum Backen gespeichert werden kann.

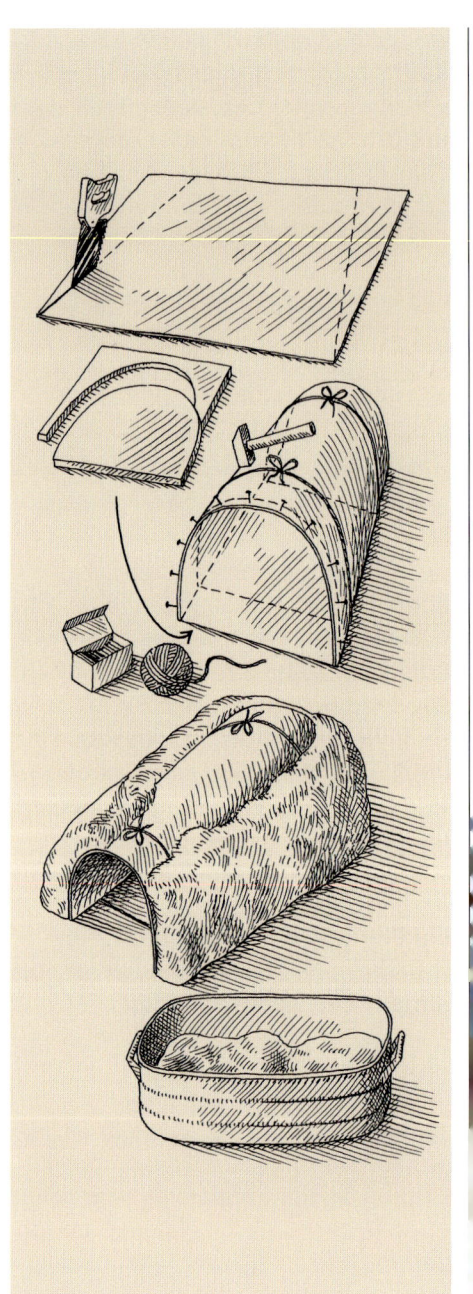

Lehmofen auf Hartfaserplatte. Die Schablone hält das weiche Sand-Lehm-Gemisch in der Form des Ofengewölbes, bis es getrock-net ist. Dann kann die nächste Schicht aufgebracht werden.

Runder Backofen über ein Rutengerüst gebaut

Die etwas ungeduldigeren Backofenbauer können die Ofenwandung auch über eine Hilfskonstruktion bauen. Hierzu werden Ruten von Weide, Erle, Haselnuß oder Esche kreisförmig in die Erde gesteckt, zu einem Halbrund umgebogen und die Enden ebenfalls in die Erde gesteckt. Um das Einstecken zu erleichtern, kann die Erde mit einem runden Holz, daß mit einem Hammer in die Erde geschlagen wird, vorgelocht werden. Nachdem das Loch in der Erde ist, wird das Holz wieder herausgezogen, und nun können die Ruten eingesteckt werden. Anschließend werden dünne Ruten quergeflochten, es entsteht so etwas wie ein umgestülpter Korb. Sind die Lücken zwischen den Ruten so groß, daß der Lehm hindurchrutscht, kann über das Gerüst noch ein Tuch (Naturfaser) gespannt werden. Jetzt beginnt der Aufbau der Ofenwand. Dazu wird eine etwa 5 cm dicke Schicht aus mittelfestem Sand-Lehm-Gemisch auf das Gerüst aufgetragen. Ist die erste Schicht getrocknet, können weitere folgen.

Lehmofen über eine Hartfaserplatte gebaut

Stehen keine Rutenäste zur Verfügung, kann auch aus einer biegsamen Hartfaserplatte (formaldehydfrei) eine Hilfskonstruktion gebaut werden.

Besonders gut brennt das Feuer in Öfen, deren Mundöffnung die niedrigste Stelle des gewölbten Ofenhimmels ist. Um eine Schablone von dieser Form herstellen zu können, wird aus der Hartfaserplatte ein Trapez zugesägt und dann zu einer Wölbung gebogen. Binden Sie zwei feste Stricke um diese Platte, so behält sie ihre gebogene Form. Aus einem weiteren Stück Hartfaserplatte wird dann ein Bogen ausgesägt, der sich genau in die größere Öffnung der Schablone einpassen läßt und die Rückseite bildet. Die Hilfskonstruktion wird nun an den für den Ofen bestimmten Ort transportiert und kann mit der ersten 5 cm dicken Schicht sandgemagerten Lehms bestrichen werden. Diese erste Schicht müssen Sie hart werden lassen, dann können Sie die nächsten Schichten aufbringen. Sind die unteren Schichten so dick, daß sie sich selbst tragen können (etwa 5 cm), kann soviel Lehm aufgebracht werden, wie auf einmal hält. Sollte der Lehm beim Trocknen Risse bilden, können diese, solange der Lehm noch weich ist, wieder zugedrückt werden. Ist der Lehm dazu schon zu fest, werden sie mit weichem Lehm zugeschmiert.

In einem fest gewordenen Ofen können dann zur vollkommenen Austrocknung langsam kleine Feuerchen entfacht werden, dabei brennt auch die Schablone weg.

Backofen aus Steinen mit Lehm gemauert

Denjenigen, die es gar nicht erwarten können, das erste Gebäck zu kosten, sei diese Art von Öfen empfohlen. Gebrannte Ziegelsteine werden mit Lehmmörtel über eine gebogene Hartfaserplatte gemauert. Dafür sind alte Ziegelsteine (z.B. aus dem Abriß) meist günstig zu beschaffen.

Benötigt werden für einen kleinen Backofen:
- 1 bis 10 Mitarbeiter
- für eine Ofenschicht etwa 45 Mauersteine, niedrig gebrannt
- 4 bis 5 Babybadewannen Lehm-Sand-Gemisch
- Hartfaserplatte 90 × 50 cm
- Strick
- gewünschter Ofenunterbau

Ein kleiner Ofen, den ein Kuchenblech füllt, ist recht schnell gebaut. Für die rechteckige Blechform belassen Sie die Hartfaserplatte in ihrer Form und biegen sie zu einem Tunnel. Nun wird die Grundfläche des Tunnels ausgemessen und ringsherum die gewünschte Wandstärke hinzugerechnet. (Am Mundloch entsteht zwar keine Wand, der Platz wird aber zum Anstellen der Ofentür gebraucht.) Ist der Unterbau fertig, wird die Tunnelschablone aufgestellt, und das Mauern kann beginnen. Dies sollte von beiden Seiten gleichzeitig geschehen. So kann einem Verziehen der Schablone vorgebeugt werden. Durch das runde Aufmauern der Steine entstehen keilförmige Mörtelfugen. Wichtig ist, daß die Steine immer direkt auf der Platte aufliegen und sich dabei die nach innen gerichteten Kanten der Steine berühren. Auf diese Weise sind am Ende im Ofeninnenraum nur ganz schmale Lehmfugen sichtbar. Der Ofen sollte zur guten Haltbarkeit im Verband gemauert werden, d.h. es darf keine Fuge über der anderen liegen. Die Rückwand wird gerade hochgemauert und dabei mit den seitlichen Steinen verzahnt. Ist die Wölbung aufgemauert, entsteht oben eine keilförmige Lücke. Diese wird mit Steinen gefüllt, die soweit wie möglich an die Schablone heranreichen. Sind sie eingesetzt, werden sie sanft, aber energisch festgeklopft. Damit wird das Gewölbe unter Spannung gesetzt und kann sich selbst tragen.

Im allgemeinen ist mindestens eine zweite Schicht quer oder hochkant gestellter Ziegelsteine ratsam. So kann der Ofen mehr Wärme speichern und sie auch länger wieder abgeben.

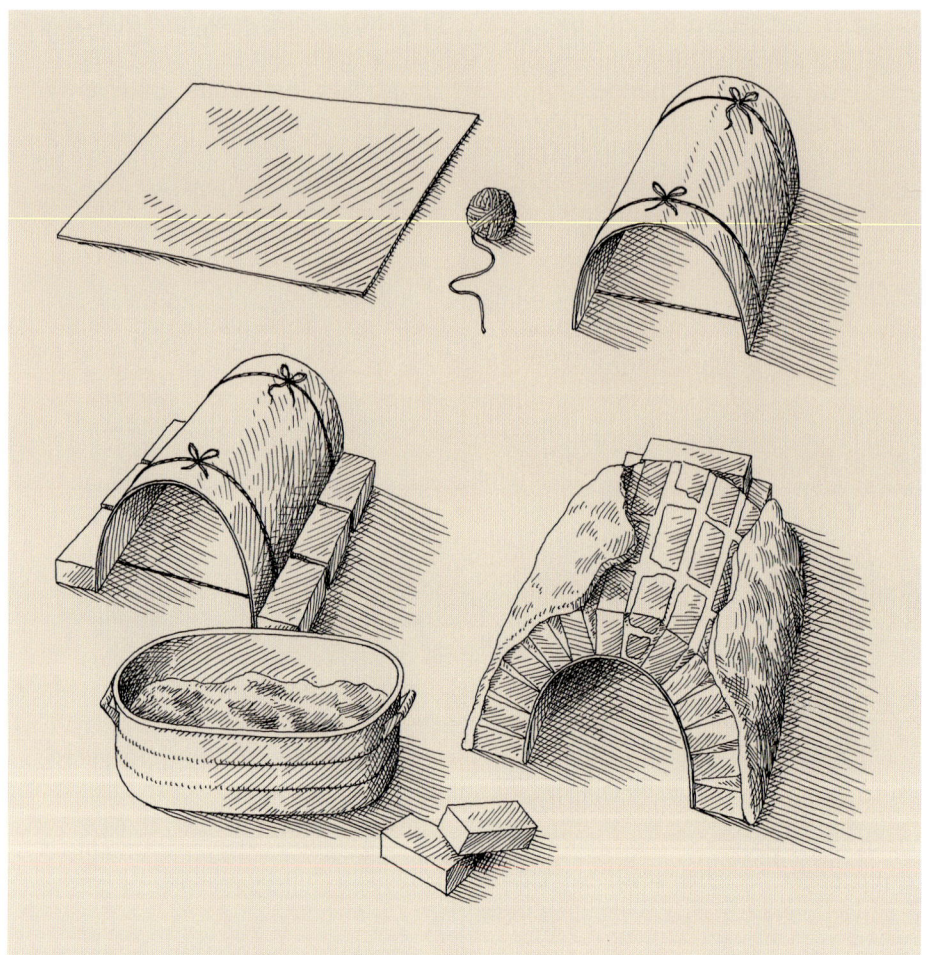

Mit Steinen und Lehm gemauerter Backofen. Niedrig gebrannte Ziegelsteine werden mit Lehmmörtel von beiden Seiten gleichzeitig über die Schablone gemauert. Ein Lehmputz schützt zwar etwas vor der Witterung, günstiger ist jedoch eine richtige Bedachung.

Bei diesem Gruppenbackofen wurden die drei Öfen kleeblattartig aneinander gesetzt. Kinder und Eltern einer Klasse 3 bauten ihn in zwei Tagen.

Noch bevor die nächste Wanne Lehmmörtel zum Vermauern der letzten Steine gemischt ist, wird geheizt. So kann das Richtfest bereits mit dem ersten Kuchen gefeiert werden.

55

Großer, aus Steinen gemauerter Backofen mit einem seit Jahrhunderten bewährten Grundriß einer halben Birne. Der Ofen reicht aus, um eine Familie mit Brot zu versorgen.

Benötigt werden für einen großen Backofen:

- 1 bis 30 Mitarbeiter
- etwa 250 bis 300 Ziegelsteine für eine Schicht der Wölbung
- etwa 50 Ziegelsteine für eine Schicht Ofenboden
- Sand-Lehm-Gemisch für Mörtel
- Hartfaserplatte 130 × 90 cm
- 1 Holzplatte 25 × 55 cm
- 1 Holzplatte 40 × 85 cm
- Strick, Nägel oder Tacker

Für große Öfen, in denen viel gebacken werden soll, wird die Wölbung der Hartfaserplatte von unten mit zwei Holzplatten verstärkt. Dazu wird die eine Holzplatte in der Größe des Mundloches zugesägt, die andere in Form der größten Wölbung der Schablone. Damit später im Ofen auch ein Feuer entfacht werden kann, wird unten aus den Platten ein Bogen herausgesägt. (Beim ersten Heizen verbrennen alle hölzernen Schablonenteile. Doch zunächst werden sie noch benötigt.) Die trapezförmige Hartfaserplatte wird gebogen, und die beiden Holzplatten werden angenagelt. Sollte das Schwierigkeiten bereiten, kann die Wölbung erst wieder zweimal mit Strick fixiert werden.

In Anlehnung an alte, sehr bewährte Backofenformen wird die hintere Wand als Halbrund aufgemauert. Wie beim Kuppelofen werden die Mauersteine in jeder Runde etwas weiter nach innen gesetzt, bis die obere Kante der Platte erreicht ist. Wichtig ist auch hier, daß sich die inneren Kanten der Steine berühren. Dadurch entstehen wieder keilförmige Fugen. Die porösen Ziegelsteine entziehen dem Lehmmörtel sofort die Feuchtigkeit, so daß das hintere Halbrund in einem Zuge mit der Wölbung aufgemauert werden kann. Solch ein großer Ofen sollte mindestens zwei bis drei Mauersteinschichten bekommen, damit auch dickeres Backwerk, wie Brot, in ihm gebacken werden kann.

Auf dem oberen Foto Seite 55 sind drei Öfen, die wie ein Kleeblatt zusammengebaut sind, abgebildet. Ihre Rückseiten stoßen aneinander. So wärmen sie sich gegenseitig und die Backhitze bleibt lange erhalten. Der Ofen entstand aus dem Wunsch, daß 30 Kinder gleichzeitig backen können. So sind immer zehn für einen Ofen verantwortlich. Sie teilen sich die Arbeit des Holzsammelns, des Heizens und der Teigzubereitung.

Das Backen

Nach dem Erlebnis des Ofenbaus und vor dem Genuß des Essens kommt jetzt der Spaß des Backens.

Das Feuerholz für den Backofen sollte unbehandelt und trocken sein. Auch mit Reisigbündeln kann geheizt werden. Das Feuer wird ganz hinten im Ofen entfacht. Entweder der Ofen wurde schon mit

Holz gefüllt und durch einen Tunnel hinten entzündet, oder Sie legen auf das kleine Feuer immer mehr Holz auf, bis der Ofen voll Holz ist. Jetzt heißt es Geduld bewahren. Das Feuer frißt sich nur langsam durch das Holz. Werden die Flammen kleiner, muß das Feuer zwischendurch geschürt werden. Nach 1,5 bis 2,0 Stunden liegen dann kleinere, rotglühende Holzstücken auf dem Boden, das meiste Holz ist zu weißer Asche verbrannt. Jetzt könnte der Ofen genügend Hitze gespeichert haben. Dafür gibt es verschiedene Anzeichen. Die Wölbung des Ofens muß weiß geworden sein. Das heißt, der Ruß, der sich während des Feuers angelagert hat, ist zu weißer Asche verbrannt. Wird die Asche aus dem Ofen gezogen, so springen vom Boden Funken auf. Ist der Ofen nun leer, wird eine Ähre oder ein Stück Zeitungspapier in den Ofen gelegt. Wenn diese sofort schwarz werden, ist der Ofen zu heiß. Bräunen sie langsam, hat er die richtige Temperatur. Um den Ofen zu reinigen und um ihm die entzogene Feuchtigkeit wiederzugeben, wird er mit einem nassen Lappen oder Strohwisch ausgewischt. Dazu muß der Lappen drei- bis viermal ausgespült und immer wieder naß gemacht werden, bis der Ofen sauber geworden ist. Nun kann das Backwerk in den Ofen geschoben und dieser verschlossen werden.

Jeder Ofen hat seine eigene Heizzeit. Um Ihren „Neuen" kennenzulernen, könnten Sie das Backen vielleicht mit einem Blechkuchen beginnen. Bleiben Sie am besten in Ofennähe. Ist der Ofen sehr gut geheizt, so kann der Kuchen schon in Minuten fertig gebacken sein.

In die feuchten Lehmwände des Puppenhauses haben die Kinder zur farblichen Gestaltung kleine Stücken von Fliesen eingedrückt.

Spielzeug aus Lehm

Spielend entdeckt ein jeder die Welt. In verkleinerter Form, als Spielzeug, wird sie für die Kinder überschaubar. So kann das auch mit all den Lehmobjekten und Bauten, die bisher beschrieben wurden, geschehen. In die kleinen Häuser ziehen dann die Puppenkinder der Kinder ein.

Puppenhaus
Die Bögen des im Foto abgebildeten Puppenhauses entstanden, indem auf eine gebogene Spanplatte Lehm aufgebracht wurde. Die Platten blieben unter dem Lehm erhalten. Sie können auch unter einem dünnen Lehmputz verschwinden.

So schön, wie die Farben des Lehms und des Schnees aussehen, zum Spielen wird es wohl besser sein, das kleine Hüttenzelt wieder mit ins Haus zu nehmen.

Hüttenzelt

Eine weitere Möglichkeit stellt das im Foto abgebildete Hüttenzelt dar. Dieses Hüttenzelt ist nur 30 cm hoch. Stöckchen wurden in Zeltform in eine Holzplatte gesteckt und mit einem Holzspan-Lehm-Gemisch bedeckt.

Murmelbahn

Für eine Murmelbahn kann ein alter Korb als Grundgerüst verwendet werden. Ein Höhleneingang für die Männleinbewohner des Berges entsteht, wenn unten aus dem Korb ein halbrundes Loch herausgeschnitten wird. Nun wird ein feines Holzspangemisch auf das Grundgerüst gestrichen oder geworfen. Die Bahnen werden in mehreren Etappen angeformt. Immer dann, wenn eine 2 bis 3 cm dicke Schicht der Bahn getrocknet ist, kann weitergebaut werden.

Auch das Formen der Lehmmurmeln bereitet viel Spaß, es ist nämlich gar nicht so einfach, richtige Kugeln zu formen.

Kaufmannsladen

Oder wird vielleicht dringend neue Ware für den Kaufmannsladen benötigt? Vielleicht „selbstgebackene" Brote und Brötchen? Mit ein paar Sägespänen oder Sand bestreut, können die besten Körnerbrötchen eingekauft werden. Erwachen bei Ihnen auch die Träume vom Kaufmannsladenspiel? Erfüllen Sie sich diese Träume doch. Die Kinder sind sicher glücklich über Spielpartner, die ihre ersten Formversuche auch ernst nehmen.

Und hat das Lehmspielzeug ausgedient, wird es nicht zu Müll, sondern kann draußen wieder zu Erde werden.

Farbige Oberflächengestaltung

Möchten Sie das warme Ocker eines Lehmwerkes noch durch andere Farben bereichern oder den Lehm gar nur als Malgrund verwenden, so gibt es dafür mehrere Möglichkeiten, die aber mit unterschiedlichem Aufwand verbunden sind.

Recht locker und munter geht es zu, wenn einfach andersfarbige Erden in den Lehm eingedrückt werden. In manchen Gegenden gibt es neben erdbraunen Erden sogar rotliegendes Gestein, dessen Farbe bis ins Rotviolette reichen kann.

Die Erden können entweder gleich so verwendet oder zuvor noch gesiebt werden, wenn die Farbigkeit weniger Strukturen aufweisen soll. Weiches Gestein kann mit einem Hammer oder einem härteren Stein zerschlagen werden. Auch schön rot gebrannte Ziegelsteine eignen sich – niedrig gebrannte, wie sie manchmal im Abriß zu finden sind, lassen sich besonders gut

Zur Hervorhebung einiger Gestaltungselemente an einem großen Relief wurden diese farblich betont. Rotes Pulver, von einem weichgebrannten Ziegelstein, wurde hierbei in den weichen Lehm eingedrückt.

Im Treppenhaus des Schulhauses waren schon vor dem Entstehen des Wandbildes Lampen ange-bracht. Die Schüler und Schülerin-nen nutzten das Licht bewußt für die farbige Gestaltung.

zerkleinern. Kinder verwenden sie gern als Kreide, um auf der Straße zu malen.

Tone, die ja auch Erden sind, und in der Natur in vielen Farben vorkommen, können ebenfalls verwendet werden. Dazu werden trockene Tonklumpen zerschlagen oder zermalen. Tone, die bei verschiedenen Temperaturen gebrannt wurden, bekommen jedesmal eine andere Farbe (siehe Seite 10). So wird die zur Verfügung stehende Palette von Erdfarben noch reicher.

Ist nach dem Eindrücken der farbigen Erden der Lehm etwas fest geworden, kann das feuchte Pulver mit einer Metallkelle, der Rückseite eines Löffels oder einem anderen harten, glatten Gegenstand reibend in den Lehm eingedrückt werden. Es entsteht eine glatte Oberfläche in der sich die Farbe, je nach Menge, mehr oder weniger mit der Farbigkeit des Lehms mischt. Solche Flächen können zusätzlich noch poliert werden (siehe Seite 91).

Ungebrannten Tonen kann auch Wasser zugesetzt werden, so daß sie zu einem dünnen Brei gerührt werden können. Ihre Bindekraft ist so stark, daß sie sich selbst auf dem Lehm halten können. Um ein Abplatzen zu vermeiden, sollte besser nochmals mit dünnem Tonbrei (Tonschlicker), als einmal mit dickem Tonbrei gemalt werden. Der Ton zieht sich beim Trocknen zusammen und bekommt, wenn er zu dick aufgetragen wurde, Risse. Um die Haftfähigkeit zu verbessern und die Farbe gegen Abrieb haltbarer zu machen, kann dem Tonschlicker auch etwas Speiseöl zugesetzt werden. Lein- und Sojaöl haben sich dafür bewährt.

Nichtbildsame Erden und gebranntes Tonmehl besitzen selbst keine Bindigkeit. Sie können jedoch mit Eigelb angerührt werden.

Vom Ei bleibt nun noch das Eiweiß übrig. Eiweiß wird durch UV-Strahlung wasserdicht. Es wird zunächst geschlagen und durch ein Sieb gegossen. Anschließend wird etwas Wasser nachgegossen und eingerührt. Nun kann die Masse dünn auf den Lehm aufgetragen werden. Die Lehmoberfläche muß jetzt der Sonne oder der Höhensonne ausgesetzt werden, um wasserfest aushärten zu können.

Für Lehmwände von Häusern werden seit vielen Jahrhunderten **Kalk-Kasein-Farben** verwendet. Natürlich lassen sie sich auch für die farbliche Gestaltung von Reliefs und Plastiken aus Lehm einsetzen. Sind sie mit kalkechten Pigmenten gefärbt, können sie auch zum Malen von Bildern auf einem Lehmuntergrund verwendet werden.

Lehm und Kalk gehen freiwillig keine Verbindung miteinander ein, so daß sie in dünnen Schichten miteinander verbunden werden müssen. Das geschieht mit einem Kalk-Kasein-Leim. Auf diese Grundierung können anschließend Kaseinfarben aufgebracht werden.

Kalk-Kasein-Leim ist wasserabweisend bis wetterfest. Soll Lehm im Innenbereich abwischbar gemacht und im Außenbereich vor der Witterung geschützt werden, so kann Kalk-Kasein-Leim dazu verwendet werden. Der Sand-Lehm-Putz der Rundhütten ohne Dach kann auf diese Weise vor dem Ausspülen des Regenwassers geschützt werden. Da der Kalk-Kasein-Leim farblos ist, bleibt die Lehmfarbe erhalten. Farben aus Erde und Ton, die auf Lehm aufgebracht wurden, können auf diese Weise fixiert und vor Abrieb geschützt werden.

Rezept I für Kalk-Kasein-Leim
für Grundierungen, als Farbbindemittel und wasserabweisenden Anstrich im Innen- und Außenbereich.

Das Bindemittel des Leims ist das Kasein, das im Quark enthalten ist. Es ist nicht wasserlöslich. Zum Aufschluß des Kaseins dient der Sumpfkalk.

Benötigt werden:
- 5 Teile Magerquark
- 1 Teil Sumpfkalk

Butterwasser vom Quark abgießen und ohne Wasserzugabe Kalk und Quark mit einem Rührquirl 1 bis 2 Minuten kräftig durchrühren, bis ein flüssiger Leim entsteht. Nach spätestens 1 Stunde muß der Leim für Grundierungen mit Wasser und für Farbe mit Kalk oder kalkechten Pigmenten angesetzt sein, weil er sonst geliert und unbrauchbar wird.

Wenn das Kasein aufgeschlossen ist, kann der Leim mit Wasser 1 : 5 verdünnt auf den Lehm gestrichen werden. Dies sollte in ganz dünnen Schichten erfolgen. Soll der Leim wasserfest werden, muß der Anstrich zwei- bis dreimal wiederholt werden.

Rezept II für Kalk-Kasein-Leim

Statt Sumpfkalk kann auch Borax zum Aufschluß des Kaseins im Quark verwendet werden.

Benötigt werden:
- 500 g Quark
- 1 Eßlöffel Borax (im Keramikhandel erhältlich)

Der Borax wird in etwas kochendem Wasser gelöst, dem Quark zugesetzt und solange gerührt, bis eine durchsichtige gallertartige Masse entsteht. Der Leim muß noch 2 Stunden ruhen, bevor er 1 : 5 verdünnt noch am gleichen Tag verwendet wird.

Rezepte für Kalk-Kasein-Farben

für Innen und Außen.
Sie sind noch am gleichen Tag zu verarbeiten.

Rezept I

Farbe ist wetterbeständig und hellt nach dem Trocknen auf.

Benötigt werden:
- 1 Teil Kaseinleim
- kalkechte Pigmente
- 6 Teile Wasser

Dem Kasein-Leim die Pigmente als wäßrigen Brei zugeben und mit dem Wasser vermischen.

Rezept II

Diese Farbe ist wasserabweisend.

Benötigt werden:
- 1 Teil Kasein-Leim
- 4 Teile Sumpfkalk für eine weiße Farbe oder kalkechte Pigmente
- 2 bis 5 % Speiseöl oder Leinölfirnis

Den Kalk oder die Pigmente, das Öl und den Kasein-Leim mit dem Rührquirl mischen. Bei Bedarf kann mit Wasser verdünnt werden. Es wird zweimal dünn gestrichen.

Kasein-Tempera

für Innen und Außen.

Benötigt werden:
- 40 g Kasein-Pulver
- 8 g Borax oder Pottasche oder Soda
- 3 bis 5 ml Leinöl
- kalkechte Pigmente
- Wasser

40 g Kasein-Pulver müssen in 1/8 l Wasser 3 Stunden aufquellen. 8 g Borax werden in 1/8 l kochendem Wasser gelöst und unter ständigem Rühren dem Kasein zugegeben. Dazu werden 3 bis 5 ml Leinöl und nach Wunsch kalkechte Pigmente gegeben. Die Mischung kann mit der sechsfachen Menge Wasser verdünnt werden.

Zum Malen muß der Untergrund trocken sein. Die Kasein-Tempera bindet wasserfest ab.

(Die Rezepte Kalk-Kasein-Leim Rezept I und Kalk-Kasein-Farbe Rezept II wurden zum Teil aus dem Buch „Lehmfachwerk" von Tamara Leszner und Ingolf Stein übernommen.)

Arbeiten mit Ton

Der Ton regt die meisten von uns nicht zu solch großen Arbeiten an, wie sie im Kapitel „Lehm" beschrieben wurden. Er ist geschmeidiger und verführt zum Feingliedrigeren. Die entstandenen Arbeiten können durch das Brennen Festigkeit sowie durch Farben und Glasuren zusätzlichen Glanz erhalten, das erhöht den besonderen Reiz des Arbeitens mit Ton.

Aufbereitung des Tons oder Kauf der gebrauchsfertigen Masse

Tone werden in Gruben abgebaut, gefrostet, gereinigt, gesumpft, durch Pressen von Wasser und Lufteinschlüssen befreit, geknetet und erst dann verarbeitet. Das Ganze ähnelt sehr dem, was Sie bereits bei der Aufbereitung des Lehms lesen konnten.

Diesen Prozeß können Sie natürlich selbst nachvollziehen, wenn Sie Ton gefunden haben (siehe Seite 11).

Wollen Sie sich Zeit lassen, und haben Sie den entsprechenden Platz, so können Sie den Ton im Freien mindestens ein Jahr dem Wetter mit Sonne, Regen und Frost aussetzen. Dabei wird er weiter aufgespalten und bekommt eine bessere Qualität.

Vor der Weiterverarbeitung wird der Ton gereinigt. Dazu lassen Sie ihn am besten trocknen und zerschlagen ihn dann in nußgroße Klumpen. Diese Klumpen lösen sich in Wasser schnell auf, ganz im Gegensatz zu feuchtem Ton.

Der Tonschlamm wird nun durch ein Sieb gegeben, um alle Fremdteile zu entfernen. Ist der Tonschlamm sauber, kann er auf Gipsplatten gegossen werden, die ihm das Wasser schnell entziehen. Läßt sich der Tonfladen leicht von der Gipsplatte abheben, wird er umgekehrt nochmals auf die Platte gelegt. Klebt der Ton nicht mehr an den Händen, kann er auf der Gipsplatte geknetet werden. Durch dieses Walken entzieht ihm der Gips noch mehr Wasser, und er wird zu einer homogenen, gut formbaren Masse.

Nun sollte wieder eine Ruhephase eingelegt werden.

Dazu wird der Ton in Folie gewickelt und luftdicht verschlossen.

So kann er jetzt mindestens einen Monat mauken. Den dabei entstehenden modrigen Geruch verliert er an der Luft sofort wieder, wenn Sie ihn kräftig kneten. Wesentliches Ziel des Knetens muß es sein, Luft aus dem Ton zu entfernen.

Haben Sie einen größeren Tonklumpen zu bearbeiten, so muß dieser zu einem länglichen Tonballen geformt und durch kräftiges Schlagen auf eine Tischkante in der Mitte geteilt werden. Beide Hälften können nun auf dem Tisch weiter geknetet werden. Dieser Vorgang wird so oft wiederholt, bis der Ton beim Kneten einen etwas federnden Widerstand gibt und die Linien eines Fingerabdruckes so gut zu sehen sind, daß sie für die Identifizierung des Tonkneters brauchbar wären.

Fertiger feuchter Ton muß immer möglichst luftdicht verpackt oder auf andere Weise feucht gehalten werden.

Sammeln sich angetrocknete Tonreste in der Werkstatt, so kann alles „wiederbelebt" werden durch: Trocknen, Sumpfen, Kneten. Ein kleiner Tonschneider kann Ihnen die Knetarbeit abnehmen.

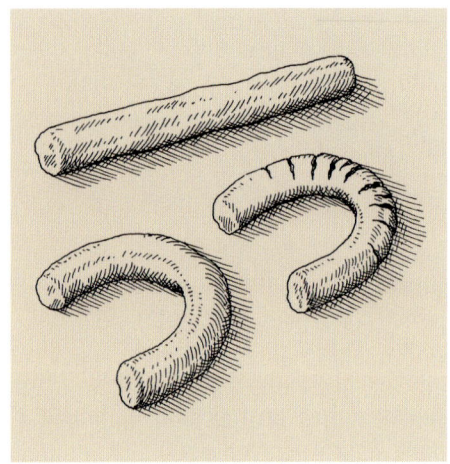

Ton zur Wulst gerollt, sollte sich geschmeidig biegen lassen. Bildet er dabei Risse, fehlt ihm Wasser oder der Anteil an unplastischen Zuschlagstoffen ist sehr hoch.

Viele Tone, die Sie heute käuflich erwerben können, werden entsprechend der gewünschten Qualität aus verschiedenen Grubentonen und Zuschlagstoffen gemischt.

Die edelste Mischung aus Bestandteilen, die auch für die Tone charakteristisch sind, ist das Porzellan. Auch wenn seine Grundrezep-

tur bekannt ist, so bleiben doch kleine Geheimnisse, die jede Manufaktur sicher bewahrt. Für unsere Zwecke hat das Porzellan weniger Bedeutung, denn seine Brenntemperaturen liegen bei 1 300 °C und mehr. Für die farbigen Bemalungen folgen dann Brände mit niedrigeren Brenntemperaturen.

Wir benötigen Massen für die Töpferware. Temperaturen zwischen 900 und 1 150 °C lassen vielfältige Bemalungen und Glasuren zu, die von dem porösen Scherben gut aufgenommen werden.

Zum Kauf der Massen, die beim Fachhändler erhältlich sind, hier einige Tips:
Jedes Tonpaket hat ein Etikett, welches folgende Angaben enthalten sollte:
- Hersteller/Herkunft (müssen meist erfragt werden),
- Chargen- oder Bestellnummer,
- Brennfarbe (bezieht sich auf die Farbe nach dem herkömmlichen Oxidationsbrand),
- Schamottierung (unplastische Bestandteile, deren Größe und Menge für die Aufbaukeramik wichtig sind, SF – Schamotte fein/SG – Schamotte grob),
- Drehton (enthält keine Schamotte) und
- Brennbereich (entsprechend den Möglichkeiten Ihres Ofens wählen), denn die höchste Temperatur gibt den Moment des Sinterns an.

Welchen Ton Sie wählen, hängt von dem gewünschten Ergebnis ab.

Ein wesentlicher, deshalb meist extra ausgewiesener Zuschlagstoff ist die Schamotte. Gewonnen aus gebranntem Ton, bestimmt dieses Mehl in seiner Menge und Körnung die Brenneigenschaften der Masse mit. Bei einem hohen Anteil verliert die Masse ihre Geschmeidigkeit – wird mager. Sie gewinnt an Standfestigkeit und bereitet weniger Probleme beim Trocknen und Brennen. Eine Korngröße ab 1 mm läßt Aufbaukeramiken zu, die dem Lehmbau nicht nachstehen.

Arbeitsplatz und Werkzeug

Ihr erstes und wichtigstes Werkzeug sind die Hände. Wie unterschiedlich werden Tonformen durch den Handteller oder die Fingerspitzen im wahrsten Sinne des Wortes geprägt. Nur mit den Händen spüren Sie, ob Sie wirklich eine Beziehung zum Material aufbauen wollen und können. Sind aber Ihre Finger als Werkzeuge zu weich oder zu groß, können Sie zuerst Hilfe in der Natur suchen. Hölzer, Schalen von Früchten oder Blätter lassen sich, etwas beschnitten oder geglättet, gut als Werkzeuge benutzen.

Ein spitzes Messer, vielleicht ein Nudelholz (eine Flasche tut es auch), der Schneidedraht aus Angelsehne oder Gitarrensaiten sind nötige Werkzeuge. Am Schneidedraht wird an beiden Enden ein rundes Hölzchen befestigt, das gut in der Hand liegt. Straff gespannt, schneidet es jeden Tonklumpen, aber auch manche Arbeit, die festgeklebt ist. Auch Pinsel dürfen nicht fehlen. In unserer Zeichnung finden Sie die wichtigsten Modellierhölzer, die Ihnen helfen, gut zu arbeiten. Diese können Sie käuflich erwerben oder aus Rundstäben oder Bambus selbst herstellen.

Die Tischplatte sollte glatt sein. Eine gut geölte Sperrholz- oder Preßspanplatte ist die Unterlage für langjährige Arbeit. Zu glatte Plastikflächen sind meist unangenehm, weil der nasse Ton auf ihnen rutscht. Risse in der Tischplatte haben zur Folge, daß in ihnen der Ton trocknet und jedes weitere Arbeiten durch die trockenen Tonreste gestört wird.

Können Sie keine ideale Arbeitsfläche finden oder sind Sie auf einen sehr engen Mehrzweckraum beschränkt, so ist auch eine Zeitung oder ein Tuch ausreichend.

Als Arbeitsunterlage eignen sich außerdem möglichst runde oder ovale Gipsplatten, die sich gut in Kunststoffschüsseln oder -wannen gießen lassen. Diese Platten können 2 bis 5 cm dick sein. Dünnere Platten brechen schnell, und es besteht die Gefahr, Gipsteilchen im Ton zu

verkneten. Solche Tonarbeiten werden nach dem Brennen beschädigt, weil der mitgebrannte, eingeschlossene Gips durch den porösen Ton oder Glasurhaarrisse Wasser anzieht. Er dehnt sich in der Keramik aus und sprengt Teile ab.

Also Achtung beim Umgang mit Gips in einer Keramikwerkstatt!

Weiterhin ist ein Wasseranschluß mit einem möglichst großen Becken wichtig. Darunter sollte ein Abscheider für Ton und Glasuren angebracht werden. Dies entlastet die Abwasserleitung und die Umwelt. Für das Abwaschen aller Mal- und Glasurutensilien können Sie sich einen Eimer zur „Vorwäsche" bereitstellen. In ihm entsteht über kurz oder lang eine interessante Resteglasur.

Keine Werkstatt kommt ohne genügend Stauraum aus. Für alle Materialien wird ein fester, möglichst effektiv genutzter Platz benötigt. Lattenregale eignen sich nach unserer Auffassung am besten. Sie reinigen sich von selbst, da Staub und andere Teile durch Verschieben der Gegenstände herunterfallen. Als Trockenregale haben sie den Vorteil, daß die Luft von unten und oben an die Arbeiten kommt und dadurch ein gleichmäßigeres Trocknen gewährleistet ist.

Für die in Gläsern und Eimern aufbereiteten Schlicker, Engoben, Unterglasurfarben und Glasuren wer-

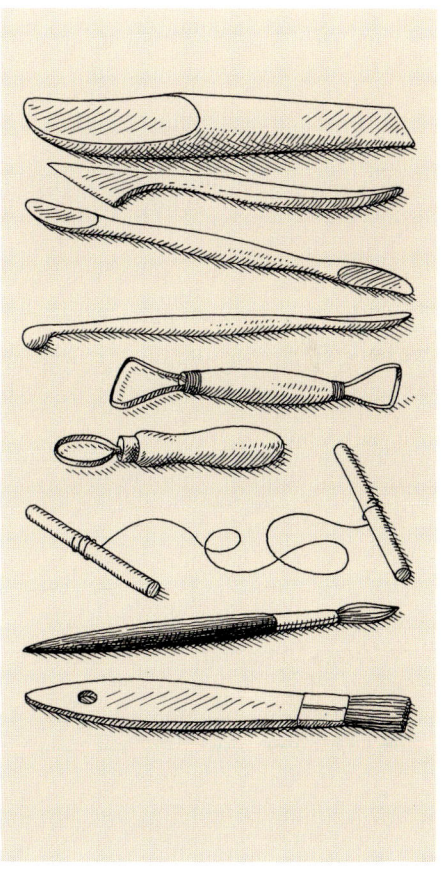

Pinsel und Modellierschlingen werden Sie kaufen müssen. Die Modellierhölzer können aus Rundhölzern selbst hergestellt werden.

den Sie ebenfalls mindestens ein Regal benötigen. Deckel auf all diesen Gefäßen schützen den Inhalt vor dem unvermeidlichen Werkstattstaub. Alles sollte mit den entsprechenden Bestellnummern beschriftet sein, um das Nachfüllen zu erleichtern.

Viele Werkzeuge lassen sich aufhängen. So trocknen sie besser und haben ihren festen Platz. Messer können in eine Leiste mit schmalen Schlitzen gesteckt werden.

Keramikwerkstätten müssen etwas feuchter und kühler als andere Arbeitsorte sein. Der Ton liebt ein wohltemperiertes Klima, da er sonst beim Verarbeiten schnell austrocknet. Gelagert wird er fest in Folie verschlossen oder in einem luftdichten Behältnis.

Farb- und Glasurpulver dagegen dürfen nicht zu feucht gelagert werden, da sie zusammenklumpen und mühsam wieder aufbereitet werden müssen.

Achten Sie auf Ihre Gesundheit! Kehren Sie niemals Ihren Arbeitsraum! Wenn Ton- und Glasurteilchen in Ihre Atemwege dringen, kann das gesundheitliche Folgen haben. Wischen Sie einmal wöchentlich oder leisten Sie sich einen Naßstaubsauger.

Techniken der Formgebung – Gefäß

In diesem Kapitel werden die Techniken vorgestellt, die von uns Menschen seit der Entdeckung des formbaren Materials Ton immer wieder aufgegriffen und variiert wurden.

Ton treiben

Gefäße, die eine handliche Größe haben sollen, werden am besten aus einer Kugel geformt. Es gibt uns ein Gefühl der Ruhe und Harmonie, runde Formen in den Händen zu halten. Denken Sie nur an den großen runden Pfirsich vom letzten Sommer.

Setzen Sie sich bequem hin, ein Bein über das andere geschlagen, und greifen Sie zum Ton. Dieser sollte sehr weich aber nicht klebrig sein. Er wird zu einer handlichen Kugel mit glatter Oberfläche geformt. Nehmen Sie eine Frucht in die Hand, befühlen Sie diese, und lassen Sie die Frucht vor sich liegen. So haben Sie eine Anregung für die saft- und kraftvolle Form. Beide Hände umfassen nun die Tonkugel. Mit einem Daumen wird unter Drehen ein Loch gebohrt, bis die gewünschte Bodenstärke erreicht ist. Das schaut dann aus, als hätten Sie Ihrem Daumen einen Tonkopf aufgesetzt. Nun wird mit dem Daumen von innen und den Fingerkuppen

von außen die Wand spiralförmig nach oben auf die gewünschte Stärke gedrückt. Ihr Oberschenkel oder ein Handteller dienen der entstehenden **Daumenschale** als weiche Unterlage, damit sie möglichst lange ihre spannungsvolle runde Hülle behalten kann und nicht auf dem Tisch plattgedrückt wird.

Beim Trinkgefäß sollte der obere Rand dünn ausgedrückt werden, bei allen anderen Gefäßen kann eine etwas dickere Wulst den oberen Rand bilden. Diese Wulst wird als Spannring bezeichnet, denn er gibt dem Gefäß beim Trocknen, Brennen und Gebrauch Halt und Festigkeit.

Drücken Sie mit den Fingerkuppen, so entsteht ein hohes enges Gefäß, drücken Sie mit der ganzen Fingerlänge, weitet sich die Wandung zur Schale.

Ob Sie Ihrer Arbeit durch leichtes Stauchen auf der Tischplatte eine Standfläche geben oder andere Vollendungen suchen, sei Ihnen überlassen. Auch eine schaukelnde Schale kann ihren Reiz und ihren Zweck haben.

Formen Sie mit Ihrem Daumen und Ihren Fingern Daumenschalen, halten Sie nicht gleich Ausschau nach anderen Hilfsmitteln für weiteres Gestalten. Bleiben Sie körpernah – hautnah. Es ist die Erfahrung wert, weitere Körperrundungen für die Gefäßgestaltung zu nutzen. Dieser ungewöhnliche Umgang mit dem eigenen Körper macht Spaß und

Beim Treiben des Tones aus einem Tonstück wird körpernah gearbeitet. Bemühen Sie sich um weiche runde Formen.

Daumen-, Knie- oder Ellbogen-schale sind Zeitzeugen, denn sie dokumentieren die Körpermaße ihrer Gestalter.

bringt Lockerheit in die Formgestaltung.

Die Größe der Tonkugel richtet sich nun nach der gewählten Körperrundung – vielleicht der Ellbogen, das Knie, die Schulter, der Kopf. Die Kugel wird plattgedrückt, über das Körperteil gelegt und auf die endgültige Wandstärke geklopft. Ein zwischengelegter Lappen verhindert das Ankleben. Dabei sollte am intensivsten auf die Seiten des entstehenden Gefäßes geklopft werden, weil der Boden bereits durch die starke Wölbung dünnwandiger geworden ist.

Daumen-, Knie- oder Ellbogenschalen sind Zeitzeugen, denn sie dokumentieren die Köpermaße ihrer Gestalter.

Stärker als bei den Daumenschalen können sich bei dieser Technik wellige Gefäßränder bilden, die durch unterschiedliches Drücken und Klopfen entstanden sind.

Bei allen hier vorgestellten Techniken werden Sie das Trocknen des Tones bei der Arbeit spüren. So, wie die Sonne die Erde wärmt und schwere Böden Risse zeigen, so wärmen Ihre Hände den Ton. Er reißt an der Oberfläche. Empfinden Sie das jedoch als Mangel, so verschwinden die interessante Oberfläche und der ausgefranste Rand schnell, wenn Sie den Ton etwas anfeuchten. Zuviel Wasser weicht ihn jedoch am Übergang vom Boden zur Wandung auf.

Aufbau mit Wülsten

Wenn Sie diese Technik beherrschen, sind der Größe von Gefäßen kaum Grenzen gesetzt.

Zuerst wird die Bodenplatte geformt. Dies geschieht bei noch handlichen Gefäßen wieder aus der Kugel, sonst aus einer der gewünschten Wandstärke entsprechenden Tonplatte.

Nun werden, einer Entspannungsübung gleich, Tonwülste gerollt. Sie sollten nicht zu lang, nicht zu dick und noch sehr geschmeidig sein. Am besten ist es, wenn Sie grob eine Tonwulst vordrücken und dann – beide Handteller aufgelegt – ausrollen. Dabei bewegen sich die Hände, mit etwas Druck auf den Ton, von der Mitte nach außen. Wenn Sie einen Wülstevorrat auf einem feuchten Tuch bereitgelegt haben, bieten sich Ihnen nun mehrere Möglichkeiten, diesen zu verarbeiten.

Sehr gut ist die Entwicklung der Form zu überschauen, wenn geschlossene Wulstringe übereinandergesetzt werden. Etwas schwieriger wird es, wenn Sie aus längeren Wülsten – eine an der anderen beim Aufbau befestigt und verstrichen – die Wandung spiralförmig entstehen lassen.

Bei allen Aufbautechniken muß mit großer Sorgfalt gearbeitet werden. Der Ton zieht sich beim Trocknen zusammen – er schwindet. Schlecht miteinander verbundene

Teile lösen sich dann wieder voneinander. Trockenrisse entstehen auch dort, wo die Wandstärke der verarbeiteten Teile zu unterschiedlich ist. Der Riß ist immer an der dünnsten Stelle zu finden.

Wie können die Wülste am sichersten verbunden werden? Drei wesentliche Möglichkeiten sollen an dieser Stelle vorgestellt werden.

Für alle Varianten wird aus dem Ton mit etwas Wasser ein Tonbrei gefertigt – der Schlicker. Das ist Ihr „Klebstoff" für alle Tonteile, die aneinandergefügt werden müssen.

Nun wird auf der Bodenplatte die Bahn, auf der die erste Wulst aufgebracht wird, mit einer Gabel angeritzt und mit Schlicker bestrichen. Eine Zahnbürste leistet beim Schlickerauftrag gute Dienste. Anschließend wird der Schlicker immer zwischen den Wülsten aufgebracht, wobei die Verbindungsstellen stets etwas aufgerauht werden sollten.

Bei den beiden nächsten Techniken kommt es auf das Zusammenspiel der Hände an. Die eine stützt die entstehende Wandung und die andere arbeitet dieser entgegen. Immer ist dabei das Erfühlen der Stärken und Schwächen der Wandung des Gefäßes möglich und wesentlich.

Bei Variante zwei werden die Wülste übereinandergelegt und von innen verstrichen. Verwenden Sie entsprechend weichen Ton, wird dazu

Der Aufbau mit Wülsten setzt der Größe von Gefäßen kaum Grenzen. Drohen diese einzusinken, müssen Sie dem Ton etwas Zeit zum Trocknen geben. (Höhe ca. 40 cm)

Wülste werden gründlich am Gefäßboden angeschlickert. Ihre Formen können bereits für das Dekor genutzt werden.

kaum Schlicker benötigt. So aufgebaute Gefäße lassen sich von innen gut reinigen und sind stabiler. Beginnen Sie immer mit dem Festschlickern des Wulstanfanges am Boden. Beim Auflegen muß leicht an den Wülsten gezogen werden, das stabilisiert die Gefäßwand. Dieser Vorgang ist etwa mit dem Spannen eines Gummibandes vergleichbar. Sofort nach dem Auflegen einer Wulst wird sie von innen verstrichen. Dazu stützt die eine Hand die Wandung von außen. Von innen verstreicht ein Finger der anderen Hand einen Teil der Wulst. Den besten Halt bekommen die Tonwülste, wenn sie quer zueinander verstrichen werden. An der Außenwand behalten die Wülste ihre Form. Sie können also auch in phantasievolle Muster gelegt werden.

Wülste, die nur locker aufeinandergelegt und zusammengestrichen werden, ergeben bald ein schwankendes unförmiges Gebilde.

Die dritte Technik beinhaltet das Verstreichen der Wülste von innen und außen. Damit bietet sich ein weites Feld der Gestaltungsmöglichkeiten mit glatter Oberfläche.

Nach innen oder nach außen gewölbte Formen können erreicht werden, indem die Wülste entprechend nach innen oder außen versetzt aufgelegt werden. Die Möglichkeiten dieser Technik sind besonders gut beim Aufbau von Kugeln zu erkennen.

Aufbau mit Platten oder Streifen aus Ton

Der Plattenbau eröffnet alle Formvariationen bis hin zur exakt eckigen. Tonlappen können aus jedem Ton hergestellt werden, wobei für größere Arbeiten ein fein bis grob schamottierter Ton gewählt werden sollte.

Der feuchte Ton wird auf ein Stück Stoff gelegt und mit der Handkante der zur Faust geballten Hand von der Mitte nach außen plattgeschlagen. Ist die gewünschte Stärke annähernd erreicht, wird mit der flachen Hand weitergeschlagen. Größere Platten werden mit einer Latte aus dem Klumpen geschlagen oder mit den Füßen getreten. Soll eine vollkommen ebene Oberfläche entstehen, muß die Platte umgedreht werden, oder Sie schaben die Unebenheit ab. Hände, Stoff, Latte oder Schaber hinterlassen Spuren, die sich zur Oberflächengestaltung nutzen lassen.

Ausgedrückte oder -geschlagene Platten verziehen sich beim Trocknen und Brennen kaum. Diese Gefahr besteht eher bei Platten, die mit dem Nudelholz ausgerollt wurden.

Besonders effektiv und exakt ist die Arbeit mit Platten, die vom Block geschnitten wurden. Der Tonblock wird dabei entsprechend der Platten, die benötigt werden, grob vorgeformt. Rechts und links werden Leisten mit der gewünschten

Mit dem straff gespannten Draht lassen sich Tonplatten gut vom Block schneiden.

Plattenstärke gelegt oder aufeinander gestapelt. Nun wird mit einem Draht Platte für Platte von oben nach unten (bei Lattenstapel) oder von unten nach oben abgeschnitten. Der Ton sollte dabei allerdings nicht zu feucht sein, weil er sonst beim Schneiden sofort wieder zusammenklebt. Ein gekaufter Tonhubel muß vorher unbedingt durchgeknetet werden, da sonst alle Platten Risse bekommen können. Die Ursachen dafür liegen in der Aufbereitung des Tones.

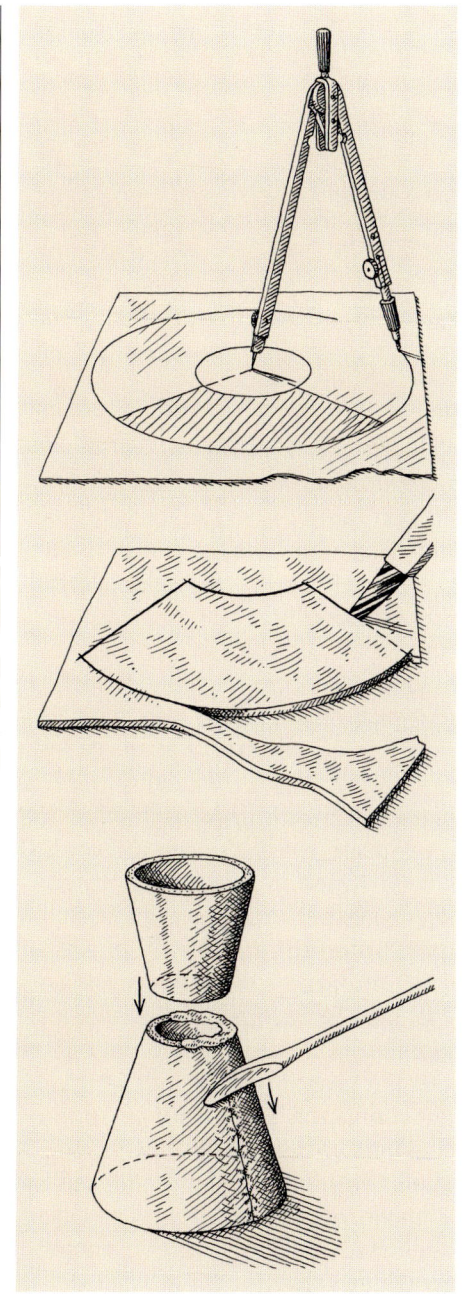

Große Gefäße werden aus Ton-streifen hergestellt, die entspre-chend der gewünschten Form zu-geschnitten werden können.

Ein weicher Tonlappen, ausgerollt auf Stoff, kann der Anfang einer reizvollen Schale sein.

Schablonen für den Aufbau von Formen lassen sich mit einfach-sten Mitteln herstellen. Die in al-len Größen variierenden Papier-schablonen können immer bereit-liegen.

71

Ein Tonklumpen wurde mit kräftigen Schlägen bearbeitet und innen ausgehöhlt. Da ein grob schamottierter Ton gewählt wurde, konnte eine kleine Höhlung ausgearbeitet werden. Es entstand ein idealer Lebensraum für genügsame Pflanzen.

Gefäße aus Tonplatten lassen sich gut im voraus planen. Dazu werden Schablonen aus Papier gefertigt, nach denen die Tonplatten geschnitten werden. Natürlich sind solche Schablonen nur Hilfsmittel, auf die auch verzichtet werden kann.

Das Zusammenfügen der Platten erfordert große Gründlichkeit, weil sich auch hier durch Schwinden des Tons alle Teile voneinander lösen können.

Die Plattenkanten werden tief aufgerauht und mit Schlicker bestrichen, aneinandergesetzt und etwas hin und her geschoben, so daß sie sich aneinander festsaugen. Werden sie schräg angeschnitten, entsteht eine größere Ansatzfläche, was die Festigkeit unterstützt. Solche Verbindungen bilden auch keine unerwünschte Verdickung an der Nahtstelle. Von außen sollten die Nahtstellen zusätzlich mit der Gabel „vernäht" und dann wieder geglättet werden. Sind Winkel entstanden, können die Fugen mit einer Tonwulst, wie beim Fensterkitten, ausgestrichen werden.

Fließenden Charakter erhalten Formen, wenn recht feuchter Ton zu dünnen Platten ausgedrückt in die gewünschte Gestalt gebracht wird. Der Größe dieser Arbeiten ist jedoch durch die Instabilität der Tonlappen eine Grenze gesetzt, die sich nur durch Einsatz von Hilfsmitteln überschreiten läßt. So können

beispielsweise Tonlappen über ein Gefäß gehängt werden (siehe Abbildung Seite 71). Ebenso lassen sich Faltungen in einer Form, z.B. einer Schüssel, legen. Aus geschmeidigerem Ton lassen sich auch Einzelelemente formen, die im angetrockneten Zustand montiert werden können. Hierbei ist natürlich ein vorher gefaßter „Bauplan" notwendig, damit am Ende ein harmonisches Ganzes entsteht.

Der Tonklumpen

Einen Kontrast zum fließenden Tonlappen bieten kräftige Tonklumpen. Auf diese Tonklumpen können Sie mit allem einschlagen, was sich bietet, um ihnen die gewünschte oder gerade entdeckte Form zu geben. Nachdem die Form gefunden ist, wird mit einem Löffel oder einer Schlinge ausgehöhlt. Bei einem kräftig schamottierten Ton muß das nicht viel sein. Zur Sicherheit sollten dicke Arbeiten mit einer Stricknadel o.ä. in Abständen von 2 cm durchbohrt werden. Eine solche Arbeit trocknet langsam, und Sie müssen ihr auch unbedingt die notwendige Zeit lassen, damit sie im Ofen nicht platzt.

Soll eine größere Öffnung entstehen, muß mit einem dicken Holzstiel oder einem anderen Gegenstand ein Loch in die Mitte gebohrt werden. Von außen läßt sich dann die Form weiterentwickeln, immer an diesem Kern entlang. Vor dem

Trocknen muß der eingesetzte Kern aber entfernt werden, da sonst das Gefäß reißt.

Aufbautechniken – Plastik/Figur

Für die Herstellung von Plastiken lassen sich alle traditionellen Techniken der Gefäßgestaltung nutzen. Bezeichnen die Töpfer die Teile eines Kruges mit Hals, Schulter, Bauch und Fuß, so dies sicher, weil solche Gefäße in ihren Verhältnissen der Formen zueinander sehr an den Menschen erinnern. Oft genügt es, sich dieser Verhältnisse bewußt zu werden und sie entsprechend herauszuarbeiten und schon ist eine Figur entstanden, die sich weiter schmücken oder großzügig bemalen läßt.

Verwenden Sie als Ausgangspunkt eine **Daumenschale** und ergänzen diese mit anderen Teilen, so lassen sich die interessantesten keramischen Objekte bauen. Es ist aber zu beachten, daß ein Hohlraum immer eine Öffnung zum Entweichen der Luft erhält. Sonst platzt die Arbeit beim Brennen!

Die Töpferfigur
Sie besteht aus den Henkeln der Töpfe. So einfach ist das. Schauen Sie sich den nächststehenden Topf an. Sein Henkel könnte der Arm

Töpferfiguren haben ihren Ursprung in den Henkeln der Töpfe. Wird versucht Körper, Kopf, Arme und Beine entsprechend zu formen, entstehen kleine Figuren, die viele Geschichten erzählen können.

73

oder das Bein, vielleicht auch der Körper einer Figur sein. Diese Figuren lassen sich auf Plinten, d.h. Tonplatten, gestellt zu Gruppen aufbauen. Es verlangt allerdings etwas Übung, in einer kleinen Wulst die Proportionen von Oberarm, Unterarm und der Hand überzeugend festzuhalten. Ein wenig Anatomie ist nützlich, doch die können Sie ja zum Glück immer an sich selbst studieren, wenn Sie in den Spiegel schauen oder sich beobachten.

Beginnen Sie mit einer Tonwulst als Körper. Arme und Beine werden aus spitz auslaufenden Wülsten geformt. Die Daumen, an der richtigen Seite angesetzt, kennzeichnen schon den rechten und linken Arm. Mit einem schrägen oder geraden Anschnitt der Arme an den Schultern wird festgelegt, ob die Arme abstehen oder am Körper anliegen. Nun fehlt nur noch der Kopf, der bekanntlich einem Ei gleicht. Allerdings wird nicht die Spitze – also das Kinn – auf den Hals gesetzt. Der Halswirbel befindet sich weiter hinten und macht den Kopf beweglich. Vielleicht schauen Sie doch noch einmal in den Spiegel.

Diese kleinen Figuren sind bestens für die keramischen Skizzen geeignet, die Sie vor dem Bau einer größeren Figurengruppe machen sollten. So lassen sich Größenverhältnisse, Raumbeziehungen und Körperhaltungen in ihrer Wirkung ausprobieren.

Die Plattentechnik

So, wie jedes Gefäß funktionsbedingt hohl ist, sollte auch die größere keramische Figur hohl aufgebaut sein. Sie trocknet schneller, und viele spannungsvolle Formen entstehen durch einen Fingerdruck auf die Wandung. Ein ständiges Wechselspiel von innen und außen läßt Kräfte nachvollziehbar erleben. Beim Gestalten bietet der Ton die Oberflächenstruktur an, die den wirkenden Kräften entspricht. Das zu erleben, macht einen wesentlichen Reiz des keramischen Schaffens aus.

Die ersten Gedanken sollten Sie jedoch der Statik einer größeren Arbeit widmen.

Ein langer Rock oder ein kräftiger Stamm werden wie ein Zylinder oder ein Kegel mit entsprechend dicker Wandung aufgebaut (siehe Zeichnung Seite 71). Auf einer solchen Form läßt sich in der Senkrechten viel in die Höhe entwickeln. Alles, was sich in der Waagerechten dazu befinden soll, bedarf besonderer Beachtung. Lasten Teile nach außen über, müssen sie gestützt werden, da sie sonst abbrechen. Doch bedenken Sie, eine Gesamtform gewinnt immer dann, wenn alles durch ein gemeinsames Zentrum und nicht durch viele Stützen gehalten wird.

Ein grob schamottierter Ton steht gut, trägt größere Lasten, trocknet schneller und schwindet beim

Beim Aufbau einer größeren Plastik muß die Statik beachtet werden. Alle ergänzenden Teile sollten den Möglichkeiten des Materials Rechnung tragen.

Liegende Tiere werden aus einem Tonlappen geformt. Die anatomischen Formen lassen sich so am besten von innen und außen drücken.

Trocknen und Brennen nicht so stark. Wenn Sie mit Tonwülsten bauen, können Muster „eingeflochten" werden, wählen Sie Tonstreifen und verstreichen diese zu einer glatten Fläche, so entsteht ein schöner Malgrund. Alles Beiwerk wird entsprechend ergänzt oder sehr gut aufmodelliert.

Bei größeren Arbeiten sollten Sie Pausen zum langsamen Trocknen des Unterbaus einlegen. Zu hastiges Arbeiten wird durch Einsinken der Wandung bestraft. Angetrockneter – lederharter – Ton dagegen trägt sehr viel. Beim Zusammenfügen aller Teile ist allerdings darauf zu

achten, daß sie nahezu den gleichen Feuchtigkeitsgehalt haben. Zu nasse Teile ziehen sich beim Trocknen stärker zusammen. An den Nahtstellen bilden sich Risse, die dann unbedingt mit feuchtem Ton gefüllt werden müssen und nicht nur oberflächlich verstrichen werden dürfen.

Bei einer Montage aus lederhartem Ton lassen sich Grenzen überschreiten, die durch weichen Ton gesetzt werden (siehe Abbildung Seite 74).

Für die dünnen Beine eines Schafes wurde hier eine typisch keramische Lösung gefunden.

Möchten Sie ein Tier gestalten, so sollte Typisches und keramisch Machbares in Einklang gebracht werden. Die dünnen Beine eines Schafes sind ohne Gestaltungsidee in Ton nicht zu realisieren. Entweder Sie entscheiden sich für bedeutend dickere Beine, oder eine Stütze, sinnvoll in die Gestaltung einbezogen, hilft, das Problem zu lösen. Entscheidend ist am Ende der Gesamteindruck, die Liebe zum Detail und die Gesamtproportion, die solche Kunstgriffe rechtfertigen.

Ein liegendes Tier bereitet vom Aufbau her weniger Probleme. Es wird ein ausgerolltes Stück Ton über die Hand gelegt und sorgsam zum Körper des Tieres zurechtgedrückt. Dabei wird der Tonlappen zu einer Röhre oder einer anderen Form geschlossen, die dem Körper des gewählten Tieres am nächsten kommt. Dieser Hohlkörper läßt sich antrocknen. Lederhart und damit noch formbar, wird er mit den weiteren Gliedmaßen ergänzt. Muskulöse Teile, wie z.B. Schenkel, lassen sich von innen herausarbeiten.

Sinkt der Körper bei größeren Arbeiten ein, so können Stützwände eingebaut werden, die an möglichst anatomisch markanten Stellen die Wandung stützen. Achtung: In die Kammern darf keine Luft eingeschlossen werden. Es muß immer eine Lochverbindung der Kammern untereinander und mindestens an einer Stelle nach außen vorhanden sein, da sonst, wie bereits erwähnt, die Arbeit beim Brennen platzen kann.

Sehr hilfreich kann das Ausstopfen mit Zeitungen sein. Sie saugen das Wasser an und lassen sich später während des Trocknens auch in kleinen Stücken entfernen. Verbleibt ein Rest, verbrennt er im Ofen. Auf keinen Fall dürfen bis zum Trocknen feste Gegenstände als Stützen verwendet werden. Diese können sich nicht zusammenziehen und zerstören die Arbeit.

Zieht sich das Arbeiten an einer größeren Plastik über Tage oder sogar Wochen hin, so wird sie in Folie verpackt vor dem Austrocknen bewahrt.

Plastische Oberflächengestaltung

Die plastische Oberflächengestaltung läßt sich in Gruppen einteilen.

In der ersten Gruppe wird all das zusammengefaßt, was vom Eindrücken über das Einritzen bis zum Einschneiden möglich ist. Dabei bleibt die Form der Oberfläche im wesentlichen erhalten.

Drücken, Ritzen, Schneiden

Schon beim Formen oder Ausdrücken des Tons entstehen Arbeitsspuren. Diese stammen beispielsweise von den Fingern, der Arbeitsfläche oder dem Werkzeug. Sie können also schon all diese Faktoren bewußt auswählen, z.B. den Ton auf einem Tuch ausrollen, um eine interessante Oberfläche zu bekommen.

Schauen Sie sich aber auch in der Werkstatt um, Sie werden weitere Dinge entdecken, die sich zum Eindrücken eignen.

Erstaunen rufen immer wieder die interessanten Spuren von Schrauben, Nüssen, abgebrochenen Bleistiften und vielen anderen Dingen hervor.

Benötigen Sie eine ganz spezifische Form, wird diese in Gips, Holz oder ein anderes Material geschnitten. Diese Stempel bilden mit der Zeit einen Fundus, der für viele Arbeiten einsetzbar ist.

Für fortlaufende Muster, wie Schmuckkanten, eignen sich Gipswalzen zum Abrollen. Diese lassen sich leicht herstellen. Eine kleine Papprolle wird mit Gips ausgegossen. Nach dem Trocknen wird die Pappe entfernt. Nun können Sie Muster in den Gips schneiden. Auch Tannenzapfen, Nüsse und andere Dinge mit runder Form ergeben Abrollmuster.

Sehr schöne Ergebnisse können durch das Übereinanderlegen verschiedener Tonfarben entstehen. Dazu wird Ton zwischen Tüchern hauchdünn ausgerollt. Daraus werden dann Motive geschnitten, die mit einem Rundholz oder einem anderen glatten Gegenstand auf den

Schauen Sie sich in Ihrer Umgebung um. Fast alles eignet sich für Spuren in Ihrem Ton.

andersfarbigen Ton aufgedrückt werden. Die dünnen Tonteile haften bei entsprechendem Druck ohne weitere Hilfsmittel.

Zum **Ritzen** oder **Schneiden** von Linien, Mustern oder figürlichen Formen kann von der Gabel über die Haarnadel bis zum Skalpell alles verwendet werden, wenn es nur den erwünschten Effekt bringt. Beim Ritzen im weichen Ton entsteht ein kräftiger Grat, arbeiten Sie mit lederhartem Ton, so werden die Kerben klarer, die Schnitte sauberer.

In Kerbungen kann ein andersfarbiger feuchter Ton hineingedrückt werden, so erhalten Sie eine Tonintarsie. Die klaren Konturen treten noch deutlicher hervor, wenn Sie den angetrockneten farbigen Ton mit einem Schaber oder Messer abziehen. Zu beachten bleibt jedoch, daß die Tone in ihren Schwindungseigenschaften ähnlich sind, sonst fällt der eingedrückte Ton wieder heraus.

Bei all diesen Techniken sollten Sie immer auf die Tiefe des Eindruckes oder Schnittes achten. Wird die Tonwandung an einer Stelle bedeutend dünner als an anderen, so kann sie hier schon beim Trocknen reißen. Mit der Zeit werden Sie ganz bestimmt Erfahrungen sammeln, welchem Ton Sie was zumuten können.

Schneiden Sie einmal durch die Außenwand, entstehen ganz neue Beziehungen zwischen dem Inneren

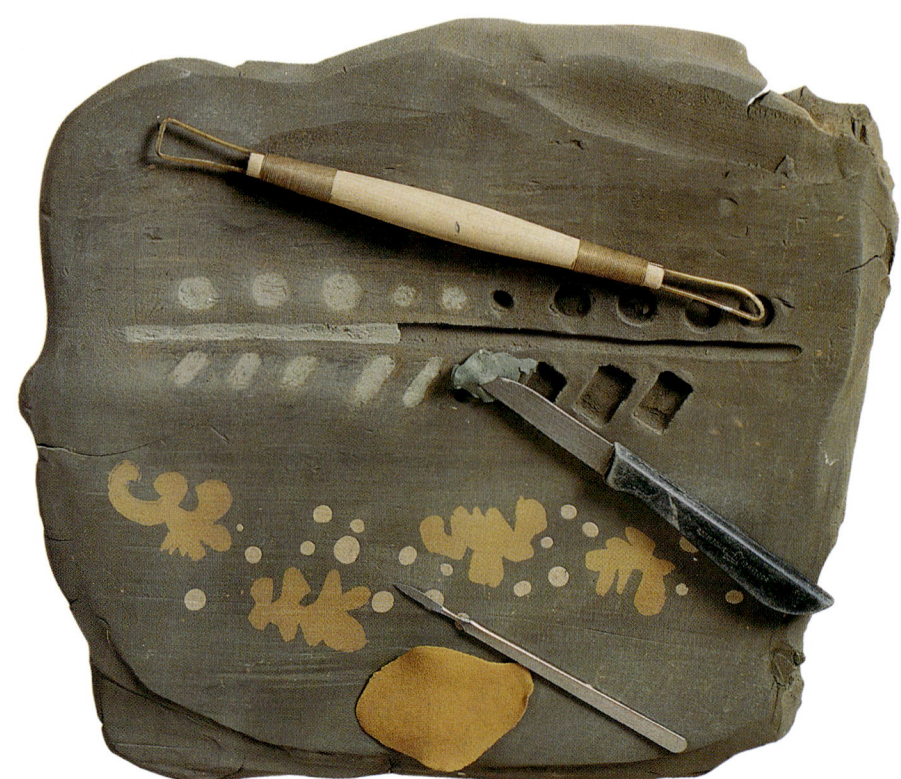

Werden verschieden farbige Tone miteinander ergänzt, bleibt erdige Harmonie erhalten.

Bei einem Doppelwandgefäß kann die äußere Wand in vielfältiger Form durchbrochen werden.

und dem Äußeren des Gegenstandes. Diese Einblicke oder Durchblicke machen den Reiz solcher Arbeiten aus. Der Schnitt hat aber für die Tonwandung etwas ganz Endgültiges. An dieser Stelle wird ihr innerer Zusammenhalt zerstört, eine Korrektur ist kaum möglich. Deshalb sollten Sie, die Spannungen beim Trocknen bedenkend, ein ausgewogenes Verhältnis zwischen ausgeschnittenen Teilen und verbleibender Wandung suchen oder nur sparsam ausschneiden. Muster aus einer Schalenwandung geschnitten, machen diese sehr filigran. Außergewöhnlich, weil unerwartet, ist ein Schnittdekor an einer Vase. Bauen Sie einen Zylinder und vom Boden beginnend eine zweite Wandung in einigem Abstand darüber, erhalten Sie ein Doppelwandgefäß. Vorher gut bedacht, kann dann mit spitzem Werkzeug in die Außenwand geschnitten werden. Solche Arbeiten müssen langsam trocknen. Deshalb werden sie locker mit einem feuchten Tuch oder einer Zeitung bedeckt.

Aufgelegtes und Wölbungen

In dieser zweiten Gruppe geht es um Wölbungen oder aufgelegte Teile, die ihre Einbindung in die Grundfläche behalten und nur sacht hervortreten.

Eine flache Wölbung erreichen Sie, indem Sie die Wandung nach außen drücken. Es macht Spaß, der Bewegung des Fingerdruckes durch die

Tonwandung zu folgen, weil die Fläche plötzlich plastische Formen bekommt, Zusammenhänge aber erhalten bleiben. Beim Arbeiten von außen entstehen meist tief gezogene Furchen. Versuchen Sie beides miteinander zu verbinden – Druck von innen und gestaltende Korrektur oder ergänzende Details von außen. Nicht nur, daß Sie Zwiesprache mit dem Ton halten, der Ihre Gestaltungsidee tragen soll. Nein, es ist technisch vorteilhafter, wenn die Wandstärke möglichst gleich bleibt. Aufgeklebte dicke Teile platzen gern wieder ab, weil Sie beim Trocknen anders schwinden, d.h. sich zusammenziehen, als der Grundkörper, auf den sie aufgebracht sind.

Möchten Sie trotzdem ein erhabenes Muster gestalten, so müssen Sie die betreffende Stelle aufrauhen, mit Schlicker bestreichen und anschließend die Tonteile für den Schmuck auflegen. Diese sollten sich nur leicht über ihrer Grundfläche erheben. Eine einfache Methode besteht darin, in die Kerbungen eines Gipsstempels Ton einzudrücken. Wird dieser Ton, wie soeben beschrieben, auf eine geschlickerte Stelle gedrückt, liegt das Muster erhaben auf.

Raumgreifendes

So soll die dritte Gruppe bezeichnet werden, in der sich Gestaltungsteile von ihrer Grundfläche zu lösen scheinen.

Ein sparsames Aufbringen von Ton, ergänzt durch leichtes Ausheben von Formen aus der angetrockneten Wandung, kann ein Dekor bereichern.

79

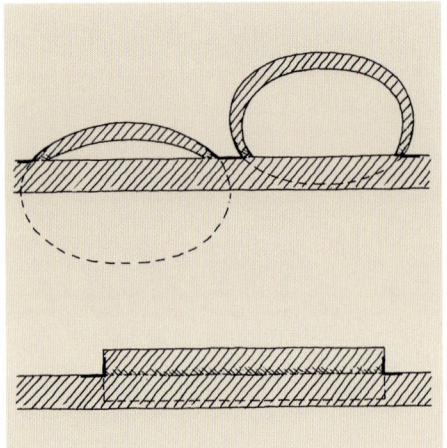

Die optische Wirkung auf den Betrachter hängt beim Relief vom „Eintauchwinkel" in den Reliefgrund ab. Je flacher eine Figur geschaffen wurde, desto weiter wird sie optisch in den Hintergrund treten.

Das Relief als harmonische Verbindung von Fläche und Raum bietet allen Möglichkeiten des plastischen Gestaltens Platz.

Alle diese Gestaltungen können unter dem Begriff **Reliefieren** zusammengefaßt werden. Sie sind Teil eines Gefäßes oder einer Plastik und sollen diese ergänzen und dekorieren.

Als eigenständige Arbeiten, die auf einer extra dafür vorbereiteten Tonfläche ausgeführt werden, werden sie als **Relief** bezeichnet. Die Besonderheiten eines Reliefs wurden im Kapitel „Gestaltung" (siehe Seite 21) bereits beschrieben.

Hintergründe für ein Relief können einfache Tonlappen, sorgsam gebaute Tonkästen, Teller und vieles mehr sein.

Das Relief verbindet Malerei und Plastik. Diese Aussage können Sie in der Keramik ganz wörtlich nehmen. Besteht doch die Möglichkeit, einen Hintergrund zu malen und den Raum davor plastisch und malerisch einzubinden. Alle bereits beschriebenen Techniken bekommen mit dem Relief ihre Eigenständigkeit. Das Relief kann an ein keramisches Objekt gebunden bleiben, kann seinen Platz in der Architektur finden, aber auch wie das Bild an der Wand hängen. Frei stehend, kann es uns beispielsweise als Raumteiler begegnen.

Das Relief bietet vor allem denjenigen ein breites Betätigungsfeld, die gern Geschichten plastisch erzählen.

Die Teile werden vollplastisch geformt und mit Schlicker gut befestigt. Wollen Sie Figuren oder andere Objekte räumlich hintereinanderstellen, so müssen diejenigen, die am weitesten im Hintergrund sein sollen, am flachsten sein. Je weiter die Figuren in den Vordergrund treten, um so plastischer sind sie gebaut, so weit, daß sie in den „Raum greifen".

Töpferfiguren haben auch hier ihren besonderen Reiz. Sie werden

zunächst vollplastisch ausgeformt, dann wird mit dem Draht oder Messer der hintere Teil, der in der Rückwand verschwinden muß, weggeschnitten. Je mehr Sie wegschneiden, umso weiter entfernt sich die Figur in diesen Hintergrund. Lassen Sie ihr mehr Volumen, tritt sie in den Vordergrund. Dabei müssen Sie jedoch sehr genau prüfen, wie Kleidungsstücke in den Hintergrund eintauchen, um die Illusion einer vollplastischen Figur zu wahren.

Farbige Oberflächen- gestaltung

Die farbig gestaltete Oberfläche macht den besonderen Reiz einer Keramik aus. Glasuren leuchten, Farben glänzen auf dem Scherben.

Von der Farbigkeit des Tons, die die Wärme der Erde ausstrahlt, lebt die Terrakotta. Sie ist nicht glasiert, sondern nur „gebrannte Erde".

Wenn Sie sich der farbigen Gestaltung widmen wollen, ist es am einfachsten, wenn Sie verschiedene Tonfarben schon beim Aufbau einer Arbeit als dekoratives Element einsetzen.

Wollen Sie jedoch die Oberfläche bemalen, so gibt es dafür verschiedene Möglichkeiten.

Die Engobe

So, wie Schlicker aus verschieden farbigen Tonen hergestellt werden, können auch Engoben gewonnen werden. Schlicker – noch einmal durch das Sieb gegossen – ergeben die Palette an Farben, die auch als Tonvorrat bereitstehen, d.h. wird Schlicker zum Bemalen verwendet, so wird er auch als Engobe bezeichnet. Genügt die Farbpalette nicht, so wird aus dem am meisten verwendeten weißen Ton eine Grundengobe bereitet. Dieser werden Metalloxide oder Farbkörper oder Dekorfarben zugesetzt. Die jeweilige Menge wird von der gewünschten

Das Schälchen in der Mitte wurde mit Engobe reich bemalt. Rechts davon steht die zartere Fayence und links eine kräftige Unterglasurmalerei. So vielgestaltig kann Farbigkeit in der Keramik sein.

Engobe besteht aus Ton und muß immer eine enge Verbindung zum Scherben behalten.

Beim Marmorieren sollte der Scherben noch lederhart sein. Nach schnellem Farbauftrag können durch ruckartige oder fließende Bewegungen interessante Muster gestaltet werden.

Schwämmchen werden in verschiedene Formen geschnitten und so als Stempel verwendet. Das Schwämmeln gehört zum traditionellen Töpferhandwerk.

Die Arbeit mit dem Malhörnchen erfordert einige Übung. Das Dekor lebt von Strichen und Punkten.

Farbintensität bestimmt. Günstig ist es, wenn diese Zusätze heiß eingerührt werden. Die Engoben werden dick auf den ungebrannten, möglichst lederharten Ton aufgetragen. Auf gebranntem Ton muß etwas dünner gearbeitet werden. Wenn Sie mehrmals immer nur die feinsten Schlämmteilchen abgießen, können Sie Sinterengoben herstellen, die nach dem Brand auch ohne Glasur glänzen. Die Bemalungen oder Begüsse gelingen am besten, wenn Sie Tone mit sehr ähnlichen Charaktereigenschaften verwenden. Die auf den Ton aufgetragenen Engoben ziehen sich wie der Ton beim Trocknen zusammen. Haben sie eine größere Schwindung als der Ton, auf den sie aufgetragen wurden, platzen sie ab. Ein klein wenig Glasur wirkt dem Abplatzen entgegen. Engoben können in allen Farben käuflich erworben werden. Wenn Sie den gleichen Hersteller wählen, „vertragen" sie sich auch.

Allgemein ist zu beachten, daß stets nur Ton auf Ton gebracht werden darf. Eine Engobebemalung haftet also nur direkt auf dem Ton oder einer anderen Engobe, niemals auf keramischen Farben oder Glasuren. Bei einer Kombination verschiedener farbiger Oberflächengestaltungen muß die Engobe den Untergrund bilden, sonst blättert sie schon beim Trocknen ab.

Die traditionellen Techniken des **Engobeauftrages** sind das Tauchen oder Begießen, das Schwämmeln, das Malen mit dem Malhörnchen, aber auch das Ritzen.

Durch das **Tauchen** oder **Begießen** erhält die lederharte Arbeit eine neue farbige „Haut". Hierbei müssen die Ausdehnungsparameter sehr ähnlich sein. **Ritzen** Sie in eine solche Fläche, erscheint der Ton darunter wieder, wenn Sie auf ihr **malen**, ist sie wie der Grundton zu behandeln.

Das **Marmorieren** ist eine einfache und doch effektvolle Technik. Es eignet sich besonders für flache Gegenstände, wie Teller und Schalen, die noch lederhart, d.h. fest aber noch feucht, sein sollten. Bei dieser Technik wird auf eine noch flüssige Engobeschicht mit dem Malhörnchen eine andersfarbige Engobe gegeben. Durch Bewegen des Gegenstandes laufen die Farben ineinander und ergeben die typischen Schlieren.

Zum **Schwämmeln** werden Kreise, Punkte und andere möglichst einfache Motive aus Schwämmen geschnitten. Diese Schwämmchen werden in eine Engobe getaucht und auf dem Scherben zu Mustern variiert. Das Eintauchen sollte am günstigsten auf einem flachen Teller geschehen. Vor dem Auftrag wird die Farbe abgestreift, denn ein vollgesaugtes Schwämmchen ergibt nur Kleckse. Dem ersten Abdruck folgt ein zweiter und dritter. Dann wird erst wieder in die Farbe einge-

tauscht. Dieser Rhythmus, der durch das Abschwächen der Farbe sichtbar wird, gibt dem Gegenstand die persönliche Note. Mit einiger Übung werden die Abdrücke immer gleichmäßiger, also kaum noch zu unterscheiden sein.

Mit dem **Malhörnchen** kann nur dann gearbeitet werden, wenn die Engobe entsprechend dick angesetzt und gut gesiebt ist. Als Malhörnchen kann beispielsweise ein Gummiball mit einer Glaspipette, ein selbst gefertigtes Hörnchen aus Ton oder eine einfache Ohrenspritze aus der Apotheke dienen.

Mit dem gewählten Werkzeug wird die Engobe in möglichst gleichmäßigen Strichen oder Punkten auf den Ton aufgebracht. Die Farbe steht erhaben auf der Tonfläche. Da diese Technik von Punkten und Strichen lebt, sollten Sie Motive wählen, die sich linear umsetzen lassen, figürliche Darstellungen sind reizvoll.

Alle bisher beschriebenen Techniken können, müssen aber nicht, glasiert werden.

Die Unterglasurmalerei
Unter dieser Technik ist das Malen mit Dekorfarben zu verstehen.

Diese Farben werden aus Metalloxiden hergestellt, denen Kaolin und manchmal auch etwas Glasur zugesetzt wird. Ihre Herstellung ist ein langwieriger Prozeß von der Aufbereitung der Rohstoffe, dem

Die Unterglasurmalerei gibt ganz besonders die Möglichkeit, plastisch Gestaltetes farblich zu ergänzen.

Herstellen des Versatzes, über das Brennen und Malen. Beim Verglühen entwickeln sich die Farben, deren Farbton sich in unseren Öfen bei oxidierendem Brand kaum noch verändert. An dieser Stelle sollen als Beispiele einige Farben und deren Ursprung genannt sein: Grün aus Kupferoxid; Blau aus Kobaltoxid; Braun aus Manganoxid; Braun, Rotbraun oder Schwarz aber auch aus Eisenoxid; Grün und Gelb aus Chromoxid.

Auch wenn Sie beim Kauf auf giftarme Produkte achten, darf beim Bemalen und Glasieren nicht gegessen und getrunken werden. Nach diesen Arbeiten sollten Sie sich die Hände waschen sowie den Arbeitsplatz und alle Geräte naß reinigen.

Unterglasurfarben bekommen ihren Halt nur durch einen meist transparenten Glasurüberzug und nochmaliges Brennen. Der Farbauftrag an sich ist mit der Aquarellmalerei zu vergleichen. Zügig und sicher, nicht zu dünn aber auch nicht zu dick, wird das Motiv auf den gebrannten Ton – den Scherben – gemalt. Dabei ist nach dem Brennen jeder Pinselstrich zu sehen, auch wenn das Ganze vor dem Brennen noch einer farbigen Fläche glich. Die Glasuren und die hohen Temperaturen „vertilgen" während des Brennens einen kleinen Anteil der Farben.

Durch zu dicken Farbauftrag ist eine Verbindung zwischen Glasur und Tonscherben nicht mehr möglich. Die Glasur rollt im Brand ab. Es gilt also auch hier wieder, alles zu erproben, bis das richtige Maß gefunden ist.

Die Glasur

Glasuren werden als Pulver oder gebrauchsfertig in Dosen angeboten. Da die Preisunterschiede gravierend sind, sollten Sie die Katalogangebote vergleichen. Als Basisglasur ist immer eine ausreichende Menge (etwa 10 kg) transparenter Glasur zu empfehlen. Alle anderen Farben unterliegen den Bedürfnissen des Gestalters, sollten aber nach entsprechender Brenntemperatur und möglichst giftarmen Inhaltsstoffen ausgewählt werden. Es gibt transparente, transparent-farbige und deckende Glasuren.

Das Glasurpulver wird in Wasser angesetzt. Dabei sollten Sie einen Mundschutz tragen oder wenigstens vermeiden, den Glasurstaub einzuatmen. Den entstandenen Glasurbrei lassen Sie eine Nacht sumpfen, anschließend geben Sie ihn durch ein sehr feines Glasursieb. Zum Tauchen von Arbeiten mittlerer Größe in die Glasur eignen sich 10-Liter-Eimer, die gut verschlossen und beschriftet in einem Regal aufbewahrt werden können.

Mit Glasuren können Sie Farben haltbar machen oder einen Malgrund herstellen. Sie sind eine ideale Möglichkeit, um einer Keramik farbigen Glanz zu verleihen, und zwar einfarbig oder aber als ein Zusammenspiel vieler Farben. Glasuren können dabei aufgegossen, getupft aber auch mit dem Pinsel aufgetragen werden. Beim Pinselauftrag ist es reizvoll, Stellen unglasiert zu lassen. Das gibt ein Wechselspiel von Scherben und Glasur, von matten und glänzenden Flächen.

Ein ähnliches Ergebnis können Sie erreichen, indem Sie bestimmte Stellen vor dem Glasieren mit flüssigem Wachs reservieren, denn die Glasur haftet nur an ungewachsten Stellen.

Das Bemalen des Scherbens mit Glasur gibt ein reizvolles Wechsel-spiel von matten und glänzenden Flächen.

Heißes flüssiges Bienenwachs wurde mit einem Pinsel auf den geschrühten Ton gemalt. Beim Glasieren hielt die Glasur nur auf unreservierten Stellen. Das Wachs brannte im Ofen weg.

Ein gebrannter Topf wird mit Unterglasurfarben bemalt.

Knapp am Boden gefaßt, wird der Topf schräg in den mit transparenter Glasur gefüllten Eimer getaucht und innen glasiert.

Durch Drehen in der Glasur wird auch die Außenwand vollständig glasiert.

Nachdem die Glasur angetrocknet ist, wird der Boden gründlich gereinigt, damit er nicht im Ofen anklebt.

So sieht ein Topf aus weißem Ton aus, der mit Unterglasur bemalt, farblos glasiert und bei 1 100 °C gebrannt wurde.

Der Glasurauftrag

Wollen Sie eine Arbeit vollständig glasieren, ist beim Glasurauftrag Folgendes zu beachten.

Die Dichte der Glasur ist von ihrer Verwendung abhängig. Wenn Sie einen porösen Scherben glasieren, sollte sie dünnflüssiger sein, denn der Scherben entzieht ihr viel Wasser. Ein dichter oder sehr dünner Scherben kann dagegen mit einer sahnigen Glasur beschichtet werden.

Erste und unbedingte Voraussetzung für eine gleichbleibende Reaktion der Glasur im Brand ist das vollständige Aufrühren der in einem Gefäß angesetzten Glasur. Bis zum Boden muß auch der letzte Klumpen aufgerührt werden. Mit einer Senkspindel kann festgestellt werden, ob die Glasur die richtige Konsistenz hat. Das ist die etwas technische Variante. Eine mit eigenen Versuchen verbundene Möglichkeit ist das Eintauchen eines Fingers in die Lösung. Die Glasur darf nicht zu dickflüssig sein, sonst läuft sie beim Brennen wieder ab, und die Arbeit klebt an der Brennplatte fest.

Da sich Glasuren sehr schnell wieder absetzen, bedeutet das Glasieren auch immer den Wechsel von Umrühren, Tauchen und erneutem Umrühren.

Vor dem Glasieren müssen die Arbeiten gesäubert werden, denn Glasuren dürfen nicht auf eine Staubschicht aufgetragen werden, sie würden beim Brennen abrollen. Das gilt auch für bemalte Arbeiten, die nicht zu lange auf das Glasieren warten dürfen.

In den Fotos wird der Glasurauftrag in seiner einfachsten Form demonstriert.

Die Fayence

Um eine Fayence zu gestalten, wird das bei der Unterglasurmalerei beschriebene Verfahren umgedreht, d.h. ein farbiger Scherben wird mit einer weiß deckenden Zinnglasur überzogen. Der Glasur kann dabei ein wenig Tapetenleim zugesetzt werden, damit sie beim Malen nicht abgewischt wird. Auf diese rohe, nicht gebrannte Glasur wird nun sofort mit Fayencefarben gemalt. Diese Fayencefarben bestehen aus Farbkörpern, denen noch ein Teil Zinnglasur beigemischt wurde, heutzutage handelt es sich dabei um Dekorfarben. Sie sinken beim Brennen in die Glasur ein und bekommen besonders weiche Konturen. Beim Malen mit Fayencefarben sollten Sie sich stets bewußt sein, daß Sie die weiße Glasur färben. Es kann sehr schnell geschehen, daß bei Verwendung von zu viel Farbe die Glasur übersättigt wird und nicht mehr glänzen kann.

Zum Üben dieser Technik eignet sich am besten Löschpapier. Sie bekommen so ein gutes Gefühl für den Farbauftrag und erleben, wie die Farbe aus dem Pinsel gesaugt

Die Fayence erfordert ein wenig Übung und Experimentierfreude. Die Ergebnisse strahlen farbige Eleganz und Klarheit aus.

wird. Korrekturen sind kaum möglich. Es bleiben aber immer noch zwei Möglichkeiten zum Reparieren: Der Wasserhahn zum Abwaschen und Neubeginn oder die Phantasie, aus dem „Fehler" etwas Neues zu entwickeln.

Wie in fast allen Kapiteln dieses Buches, in denen wir Techniken beschreiben, gilt auch hier, daß die beschriebenen Techniken nicht zu streng als einzige Möglichkeiten angenommen werden sollten. Alle Techniken lassen sich kombinieren, auf diese Weise entstand auch die **Halbfayence**. Dabei wird ein farbiger Ton mit weißer Engobe begossen, mit Dekorfarben bemalt und anschließend farblos glasiert. Bekannt sind auch Malereien mit Kupferoxid und brauner Unterglasurfarbe, einem Kontrast von weichen grünen Flächen und harten dunklen Linien auf weißem Grund. Diese Technik gab Ofenkacheln oder dem Bauerngeschirr besonderen Reiz.

Sie werden es ganz sicher selbst erleben, nichts erhöht die Spannung beim Öffnen des Ofens mehr, als das Experimentieren und Kombinieren bei der farbigen Oberflächengestaltung.

Brennen in industriellen Brennöfen

Alles, was Sie bisher aus Ton geformt und gut getrocknet haben, wird erst durch das Brennen zur Keramik.

Das heißt nicht, daß jede Arbeit gebrannt werden muß. Auch getrocknete Arbeiten behalten ihren Reiz. Kommen sie jedoch mit Wasser in Berührung, lösen sie sich auf und werden wieder zum bildsamen Ton.

Haben Sie sich für das Brennen entschieden, so steht Ihnen die aufregendste Zeit während des Arbeitsprozesses noch bevor.

Im Fachhandel sollten Sie einen Brennofen, der mit Strom oder Gas betrieben wird, wählen. Die Elektroöfen werden bereits in Abmessungen angeboten, die bei entsprechender Belüftung in jeden kleinen Raum gestellt und direkt an das Stromnetz angeschlossen werden können. Wählen Sie den Nutzraum nicht zu klein, mit zunehmender Freude an der Arbeit werden Sie Platz brauchen! Sie können sich für einen Frontlader oder einen Toplader entscheiden. Wir haben mit beiden Öfen gute Erfahrungen gemacht. Frontlader sind meist robuster, wobei die Toplader in der Beschickung ihre Vorteile haben. So kann beispielsweise ein großes Gefäß noch viele kleine Dinge aufnehmen, die von oben eingelegt werden.

Alle Öfen sind mit eingespeicherten Programmen und Betriebsanleitungen ausgerüstet. Entsprechend den gewünschten Ergebnissen sollten Sie einen Ofen mit Programmen für das Trocknen, den Schrühbrand und den Glattbrand wählen. Die Höchsttemperaturen liegen bei 1 200 °C. Mehr wird für unsere Zwecke nicht gebraucht. Gut ist es jedoch meist, wenn noch einige Speicherplätze für individuelle Programme frei sind, denn jeder findet irgendwann eine Temperatur, die für seinen Brand die beste ist.

Das Trocknen
In den Ofen werden nur durchgetrocknete Arbeiten eingesetzt. Das Trocknen läßt sich durch das Hellerwerden der Arbeiten gut feststellen (siehe Foto Seite 10).

Beim Trocknen schwinden die Arbeiten, das heißt, sie werden kleiner. Je feiner der Ton ist, desto größer ist diese Schwindung, die erst nach dem letzten Brand abgeschlossen ist. Allgemein muß mit einem Volumenverlust von 10 % gerechnet werden.

Die Dauer des Trocknens ist immer vom Ton, den Eigenheiten der Arbeit und der Raumtemperatur abhängig. Als günstig hat es sich erwiesen, wenn die Arbeiten zum Trocknen auf einem luftdurchlässigen Boden, z.B. einem Lattenregal, stehen. Wenn Arbeiten besonders schonend getrocknet werden sollen, muß ein Tuch oder eine Zeitung darüber gelegt werden. Besonders feine und doch an zwei Stellen befestigte Teile, wie z.B. Henkel, können durch feuchte Zeitungen am zu schnellen Trocknen gehindert werden, denn trocknen sie schneller als der Grundkörper, werden sie mit ziemlicher Wahrscheinlichkeit reißen.

Haben Sie ein Trockenprogramm im Ofen, so setzen Sie es nur in Notfällen ein. Das dabei austretende Wasser ist für alle Teile des Ofens belastend und verringert seine Lebensdauer.

Der Schrühbrand

Jeder Laie sollte zur Sicherheit den „Schrühbrand" (Roh- oder Glühbrand) vor den „Glattbrand" setzen, denn es gibt zwei Gefahren für die Arbeiten. Die erste sind Lufteinschlüsse im Ton. Diese Luft dehnt sich während des Brennens aus und die Arbeiten platzen. Dabei wird gleichzeitig Nebenstehendes zerstört. Die zweite Gefahr ist das Restwasser in den Arbeiten, welches ebenfalls unter Umständen zum Zersplittern führen kann. Beide Gefahren lassen sich durch gründliche Vorarbeit vermeiden.

In den Schrühbrand werden nur unglasierte Arbeiten eingesetzt und bis zu einer Temperatur von etwa 900 °C gebrannt. Alle Arbeiten kön-

nen dicht übereinander gestapelt werden. Beim Ineinanderstellen muß jedoch die Brennschwindung beachtet werden, sonst besteht die Gefahr, daß sich Arbeiten verkeilen.

Große, schwere Arbeiten benötigen einen beweglichen Untergrund, damit sie bei der Brennschwindung keine Risse bekommen. Sie können beispielsweise auf eine ungebrannte Tonplatte oder eine dicke Schamotteschicht gesetzt werden.

Der Schrühbrand sollte besonders schonend für das Brenngut sein, er wird deshalb in seiner Erwärmphase langsam geführt. Bei einer Temperatur von etwa 100 °C entweicht dem Ton das Anmachwasser. Sollte dem Ofen zu viel Wasserdampf entweichen und Kondenswasser aus den Öffnungen tropfen, darf er durchaus kurzzeitig gestoppt werden. Das noch eingeschlossene Wasser muß langsam aus dem Brenngut entweichen können, damit nichts zersplittert.

Nun wird die Temperatur langsam auf etwa 300 °C geführt, wobei sich die Wärme im Ofen gleichmäßig verteilt. Damit ist auch die Ware in der Nähe der Heizwendel nicht so gefährdet. Die vorgenannten zeitlichen Unterbrechungen können 10 bis 20 Minuten dauern. Da die Öfen bei Bränden mit einer Zieltemperatur um 900 °C bereits mit entsprechenden Intervallen programmiert sind, sollten Sie den Ofen lediglich gut beobachten und nur dann stop-

pen, wenn es unbedingt nötig erscheint. Jeder wird mit der Zeit erprobt haben, wie er mit seinem Ofen diese Klippe des Brennens am besten meistert.

Ab 300 °C kann der Ofen ohne weitere Unterbrechungen bis zur Zieltemperatur brennen. Jetzt verändert sich die Struktur des Tons. Das chemisch gebundene Wasser entweicht bei etwa 600 bis 800 °C. Bei einer Temperatur von 900 °C erhält der Scherben seine Grundfestigkeit und alle Bauteile verbinden sich, so daß diese Temperatur bei den hier beschriebenen Techniken nicht unterschritten werden sollte. Ein in dieser Weise vorbereiteter Scherben eignet sich gut für das Glasieren.

Tiefe Brennrisse in Böden und Wandungen deuten auf zu große Spannungen hin. Hier wurden Teile mit unterschiedlichen Stärken oder Tone mit verschiedenen Brenneigenschaften (z.B. schamottiert/unschamottiert) verarbeitet, oder es wurden die Teilstücke nicht kräftig genug miteinander verbunden.

Nach dem Brand sollten Sie der Ware Zeit zum Abkühlen geben. Ab 80 °C kann der Ofen bedenkenlos geöffnet werden.

Der Glattbrand (Glasurbrand)

Der „Glattbrand" oder Glasurbrand schließt sich dem Schrühbrand an. Mit ihm werden der Glanz der Glasuren und die Festigkeit des Tons erreicht. Beides macht die Arbeit

Vom einzusetzenden Brenngut hängt das Innenleben des Ofens ab. Günstig ist es, wenn die Stützen von unten nach oben Säulen ergeben.

gebrauchsfähiger. Die Brenntemperatur wird durch den verwendeten Ton und die Glasuren bestimmt. Für uns liegt sie bei 1 080 bis 1 200 °C, genug um das „Glas" der Glasur zu schmelzen.

Das glasierte Brenngut wird auf Ofenplatten gestellt, die möglichst mit einer Schicht Trennmittel (Kaolin und Tonerde) bestrichen wurden. Nichts darf einander berühren, die Böden der Arbeiten müssen gut von allen Glasurresten gesäubert sein.

Brennhilfsmittel werden in jedem Fachhandel angeboten. Ihre Auswahl ist immer von den individuellen Vorhaben abhängig. Als Grundausrüstung werden jedoch eine genügende Anzahl an Brennplatten für den entsprechenden Ofentyp und Stützen in verschiedenen Höhen beim Kauf des Ofens angeboten.

Die Ofenplatten können den individuellen Anforderungen entsprechend in jedem Brand anders angeordnet werden. Die Stützen sollten möglichst an vielen Stellen vom Boden bis in die oberen Brennkammern Säulen bilden. Das erhöht die Standfestigkeit. Die Platten dürfen nicht zu nah an die Heizwendel gebaut werden, damit innerhalb des Ofens eine gute Zirkulation der Luft gewährleistet ist.

Sehr bald werden Sie feststellen, daß es in Ihrem Ofen unterschiedlich warm ist. Die Unterschiede dürfen nicht gravierend sein, lassen sich aber nicht ganz vermeiden. Ofenprogramme haben deshalb meist kurz vor Erreichen der Endtemperatur eine Haltezeit. Während dieser wird die Temperatur am Temperaturfühler für einige Zeit konstant gehalten, damit sie sich möglichst im ganzen Ofen angleicht. Es ist ratsam, in der Nähe des Fühlers die Arbeiten so anzuordnen, daß sich die Temperatur möglichst im Einklang mit dem gesamten Ofenraum entwickelt. Sollten Sie trotzdem starke Unterschiede feststellen, wie z.B. unterschiedliches Ausschmelzen einer Glasur an verschiedenen Stellen im Ofen, lassen Sie ihn prüfen.

Versuchen Sie, Ihren Ofen zu schonen. Es ist nicht bei jedem Brand notwendig, die höchste Ofenleistung zu fordern. Isolation und Heizwendel würden sehr schnell verschleißen. Zu niedriges Brennen birgt andererseits die bereits erläuterte Gefahr.

Brennen in der freien Natur

Möchten Sie den im Elektro- oder Gasofen verborgen gebliebenen Brennprozeß für sich erlebbar machen, so gehen Sie wieder in die Natur und entfachen Sie ein Feuer.

Verwenden Sie nur unbehandeltes trockenes Holz und informieren Sie gegebenenfalls die Feuerwehr von Ihrem Vorhaben. Nun steht Ihrer Experimentierfreude nichts mehr im Wege.

Ein wahres Lehrbeispiel bieten kleine Feuerstellen, umstellt von 3 bis 5 Ziegelsteinen.

Auf den ersten kleinen Holzhaufen wird ein nur kurz vorgetrockneter Tonlappen gelegt. Auf den nächsten legen Sie einen nassen Tonlappen, der mit Sägespänen gemagert wurde. Beim dritten wird ein Rost auf die Ziegelsteine gelegt und das Feuerchen darunter gezündet. Auf diesem Rost liegen übereinander etwa 10 Lagen von Illustriertenblättern, die zuvor mit Tonschlicker bestrichen wurden. Beobachten Sie alle drei Feuer und ihre Wirkungen. Diese Beobachtungen werden Ihnen helfen, Fehler beim Brennen zu vermeiden. Der Ton zeigt sehr anschaulich, wann er sich mit dem Feuer verträgt oder auch nicht.

Bei den nachfolgend beschriebenen Brenntechniken werden durch die geminderte Sauerstoffzufuhr in allen Tonen und Glasuren die metallischen Bestandteile zumindest an der Oberfläche reduziert, oder es lagert sich Kohlenstoff ein. Das führt zu ganz anderen Ergebnissen, als Sie sie vom Oxidationsbrand gewohnt sind.

Da die Arbeiten meist höheren Temperaturschwankungen ausgesetzt sind, werden sie aus Tonen geformt oder gedreht, die mit minde-

stens 25 % Schamotte oder anderen Zuschlagstoffen gemagert wurden. Die zu brennenden Arbeiten sollten robust gebaut sein, ohne filigranen Schmuck. Sehr reizvoll sind geritzte und gestempelte Dekore, Oberflächenstrukturen die beim Arbeiten entstehen. Das Polieren der Oberfläche macht jedes Objekt besonders edel. Poliert wird im lederharten bis harten Zustand mit einem glatten Kiesel oder einem Löffel. Das braucht Zeit und Ruhe.

Mit etwas Bruch sollten Sie in jedem Fall rechnen. Es ist nun einmal am Anfang ein Experiment, das erst mit viel Erfahrung zur Perfektion führen kann.

Beginnen wir mit Techniken, die einen Schwarzbrand erzeugen.

Die hier beschriebenen Brände werden mit ungebrannten aber sehr gut durchgetrockneten Arbeiten beschickt.

Zunächst jedoch brauchen Sie Freunde, Bekannte oder andere Enthusiasten, die mit Entdeckerfreude und viel Zeit ein solches keramisches Happening mitgestalten wollen, denn es kann mindestens einen Tag und noch die Nacht beanspruchen. Der Abend eignet sich immer am besten zum Brennen. Jeder, der mit einer Kohlenheizung leben muß, weiß, wie schwer sich der Ofen bei Sonne auf dem Schornstein entzünden läßt. Genauso ist es bei unseren primitiven Öfen. Richtig interessant werden sie erst, wenn sie ganz in Ruhe ihre Brennkraft entwickeln können. Sie qualmen und züngeln mit kleinen Flammen, ständig wird um das Weiterschwelen gerungen. Und, die Öfen dürfen nicht verstummen, bevor sie ihre Arbeit getan haben. Lodert eine Flamme auf, muß sie mit Sand oder anderen Mitteln gezügelt werden, denn alle Mühe war umsonst, wenn Flammen den Kohlenstoff wieder herausbrennen. Eine Flamme signalisiert immer Sauerstoff.

Auf keinen Fall ist es ratsam, einen noch so sicher scheinenden Schwelbrand unbeaufsichtigt zu lassen. Wer einmal erlebt hat, wie durch einen Windhauch plötzlich flammendes Leben in den Ofen fuhr, der läßt scheinbar friedliche Öfchen nicht aus den Augen!

Freibrandöfen werden immer in gutem Abstand zu Bäumen und auf Flächen, die sich nicht entzünden können, gebaut. Der Tag sollte möglichst nicht windig sein.

ACHTUNG! Bei allen Brennversuchen immer an erster Stelle die Sicherheit für alle Beteiligten in Betracht ziehen! Nichts ist ernüchternder als ein phantastisches Vorhaben mit dramatischem Ausgang.

Der Tonvulkan

Bei diesem Brand geht es hauptsächlich um das Erlebnis zu sehen, wie sich Ton beim Brennen verändert. Eine mehr oder weniger haltbare Tonfigur bleibt stehen.

Benötigt werden:
- 3 Mitstreiter (für Kinder ein besonderer Spaß)
- Holzscheite, Sägespäne, Reisig
- Ton
- Lehmmischung mit viel Sand
- Zeitungen oder Baumwolltücher
- Streichhölzer

Knüppel werden bis zu einer Höhe von höchstens 70 cm aneinandergestellt, so daß sie die Form eines Lagerfeuers haben. Ein Ring Steine kann den Knüppeln Halt geben.

Der Innenraum wird mit Papier, kleineren Hölzern, Spänen, Laub oder anderen Dingen, die nicht zu schnell verbrennen, gefüllt, damit die aufgelegte Tonhülle durch ein langsames Brennen Standfestigkeit erlangt. Wer Lust und Vertrauen zum Werk hat, kann auch kleinere Tonarbeiten einlegen und sich vom Ergebnis überraschen lassen.

Nun beginnt das Abenteuer. Aus gut eingeweichten Ton- und Lehmresten werden Wülste gerollt. Wer die Möglichkeit hat, sollte Tone wählen, die beim Brennen eine andere Farbe bekommen. Das ist beispielsweise bei einigen eisenhaltigen Tonen der Fall und erhöht den Er-lebniswert ungemein. Dem Ton werden Sand, Späne, Stroh u.a. beigemengt. Durch das Rollen auf der Erde neben dem Ofen wird der Ton noch mehr gemagert. Die Wülste werden nun vorsichtig auf die Scheite gelegt. Auf diese Weise wird der Vulkan langsam nach oben gebaut. Sackt der Ton zwischen den Ästen durch, muß er gestützt werden. So können z.B. Zeitungen zwischen die Scheite gespannt werden oder Baumwolltücher (nichts Synthetisches!), Strick bzw. kleine Äste. Während des Auflegens fordert das Befestigen die meiste Aufmerksamkeit. Nichts sollte in Eile geschehen. Der Tag darf lang werden, und Feuer ist doch erst im Dunklen richtig romantisch. Das ganze Holz wird im Laufe der Zeit mit dem Ton ummantelt, lediglich ein Loch für die Feuerung und eine Kaminöffnung müssen ausgespart werden. Sie könnten auch mehrere Feuerungen wählen, um ein gleichmäßiges Anbrennen zu sichern. Der Schornstein sollte im Durchmesser möglichst klein gehalten sein. Anders bekommt das Ganze zuviel Zug, brennt schnell und lichterloh. Das ist zwar ein Schauspiel, doch es hat eine schlecht durchgebrannte Tonhaube zur Folge.

Erwarten Sie von diesem Vulkan auf keinen Fall eine allzu große Haltbarkeit, schon der nächste Regensturm kann ihn vernichten. Versprochen ist aber ein Brennerlebnis, wel-

Durch die Hitze des Feuers verändert der Ton vor unseren Augen seine Farbe.

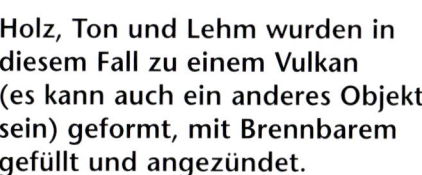

Holz, Ton und Lehm wurden in diesem Fall zu einem Vulkan (es kann auch ein anderes Objekt sein) geformt, mit Brennbarem gefüllt und angezündet.

93

ches beeindruckend das Spiel von Ton, Feuer und Farbe sichtbar macht.

Der Muldenbrand
Die Ergebnisse eines solchen Brandes, in den rohe Ware eingesetzt wird, müßten mindestens die Festigkeit eines Blumentopfes haben. Die Farbpalette reicht entsprechend der verwendeten Tone und der erreichten Brenntemperatur von Rot bis Schwarz.

Benötigt werden:
- eine große Menge Knüppelholz
- Reisig
- Papier
- Steine
- Hobelspäne oder Heu
- Erde, feuchtes Gras oder Unkraut
- Streichhölzer

Am sichersten ist wohl ein Brennerfolg in unseren Breiten, wenn Sie an ihrer Ofenstelle am Vorabend bereits ein kleines Lagerfeuer hatten. Dies wärmt die kalte Erde etwas vor.

Nun schaffen Sie eine flache Mulde. In diese Mulde werden ganz dünne Äste geschichtet, die wie die Speichen eines Rades möglichst eben ausgerichtet werden sollten. Nun werden die Gefäße, beginnend mit den größten, in der Mitte eingebaut. Diese Gefäße müssen getrocknet sein und sich gut stapeln lassen. Leicht brennbares Material wird dicht zwischen und um das Brenngut geschichtet, das gibt Halt und Windschutz. Beginnen können Sie dabei mit Hobelspänen und Heu, weiter und immer miteinander vermischt geht es mit Knüllpapier (in Maßen) und kleinen Ästen. Dieses Brennmaterial sollte sich ringsum als dicker Schutzwall türmen und etwa den Rand des radförmigen Unterbaues erreichen. Wird zu dicht gestopft, brennt die Mulde nicht durch. Wurde jedoch alles zu locker gelegt, erreicht ein Windstoß das Brenngut und zerstört es.

Nun folgen viele starke Äste, von denen Sie einen großen Vorrat benötigen. Sie werden in die Erde gesteckt und in Form eines Wigwams aufgelegt.

Hierbei sind mehrere Schichten nötig. Ein Erd- oder Steinwall kann als Stütze für die Äste dienen. Das Feuer wird von der Windseite gezündet und sollte etwa eine 3/4 bis 1 Stunde brennen. Das vorsichtige Nachlegen von kräftigen Kiefernästen sichert eine hohe Temperatur. Heu oder andere leicht brennbare Materialien werden immer dort nachgeworfen, wo das Brenngut vor Zugluft geschützt werden muß.

Wenn diese Stunde der Feuersbrunst vorüber ist, wird der Glutberg von unten beginnend mit feuchten Blättern, Gras, Unkraut und zuletzt Erde bedeckt. Oben muß eine Öffnung als Kamin bleiben, so entwickelt sich Hitze, die tief in die Ware eindringt. Ratsam ist es, den Meiler mindestens eine Nacht rauchen zu lassen. Wer größere Arbeiten brennen will, wird noch mehr Geduld haben müssen.

Muldenbrand. Ihr „Lagerfeuer" wird etwas unförmiger aussehen. Wichtig ist das Anhäufen von viel kleinem Brennmaterial über dem Brenngut.

Für den Muldenbrand wird ein kräftiges Lagerfeuer entfacht, in dem das Brenngut sicher gebettet ist.

95

Die Papieröfen

Bei dem nachfolgend beschriebenen Ofen erhalten Sie sehr schwarze Ergebnisse, weil die Arbeiten – eingebettet in schwelende Späne – mit viel Kohlenstoff angereichert werden.

Benötigt werden:
- 3 bis 4 Mitarbeiter
- vier kräftige, möglichst gerade Holzstangen
- ein Metallrost
- vier Ziegel
- kräftiger Draht oder Bandeisen
- viele Illustrierte
- Tonschlicker oder Lehm
- Säge- oder Hobelspäne
- Kohlenanzünder, Reisig, Zeitung und Streichhölzer

Als erstes wird ein Rost auf vier Ziegelsteine gelegt. Um diesen Rost werden vier Holzstangen, etwa 2 m lang, aufgestellt und befestigt. Die Holzstangen werden durch Verstrebungen aus Holzleisten und Draht in Form eines Tipis miteinander verbunden. Steht diese Konstruktion, so werden Seiten von Illustrierten und Katalogen in Tonschlicker oder Lehm getaucht, der aber nicht zu flüssig sein darf. Bis zu zwei Blätter im A4-Format lassen sich gut im Pack verarbeiten.

Im unteren Teil des Ofens werden mindestens 14 und im oberen 20 Lagen Schlickerpapier, wie eine Zeltplane übereinandergelegt, an den Verstrebungen angebracht. Zur Feuerung können an zwei bis drei Stellen Öffnungen ausgespart oder später eingeschnitten werden. Dies ist für ein gleichmäßiges Zünden günstig. Während des Ummantelns werden zuerst ein wenig Papier und Reisig, dann aber nur noch Späne, Laub oder Heu (am besten eine Mischung von allem) eingefüllt. Als Hauptbrennmaterial eignet sich ein Gemisch von Säge- und Hobelspänen.

Das Brennmaterial muß für das im oberen Drittel eingebaute Brenngut einen guten Halt bieten, es darf aber nicht zu fest gestopft werden. Die getrockneten Schalen, Becher, Dosen und anderen Gefäße werden mit Hobel- oder Sägespänen gefüllt und so in die Konstruktion eingebettet, daß sie immer einen Abstand von mindestens 5 cm von der Außenhaut des Ofens haben. Dieser Außenring sollte gut gestopft werden. Nun ist etwas Tempo angesagt, denn die nassen Zeitungen geben Wasser an die Späne ab, diese an das Brenngut. Damit ist ein Abplatzen von Teilen vorprogrammiert. Deshalb muß möglichst zügig ein Kamin aus dem beschichteten Papier als Abschluß geformt werden, damit der Ofen Zug bekommt.

Ist der Papierofen fertig, wird er sofort mit Knüllpapier, Kohlenanzünder und Holz gezündet. Es beginnt ein Schwelbrand, bei dem die Späne gleichmäßig verglühen und dabei die nötige Brenntemperatur entwickeln. Das bedeutet für Sie ständiges Beobachten. Läßt der Rauch nach, muß gefächelt werden. Beginnt der Ofen zu brennen, kann er durch Einwerfen von Sand oder Erde gezügelt werden. Die trocknende Außenhaut wird mit Schlickerpapier repariert, brennende Öffnungen werden damit verschlossen.

Vom Beginn des Feuerns bis zum Öffnen sollten etwa 24 Stunden vergehen, um wirklich ein Durchglühen zu garantieren. Obwohl wir teilweise die Erfahrung machen mußten, daß nicht alles Brenngut heil blieb, lohnen die Ergebnisse den ganzen Aufwand.

Auch die Faszination, daß eine Papierhülle solche Hitze umschließen kann, bleibt ein nachhaltiges Erlebnis.

Der Kleine Papierofen.
In diesen Ofen werden bereits geschrühte Arbeiten gesetzt.

Sie können vorher mit Oxiden bemalt worden sein, oder aber Sie probieren andere Techniken an den glühenden Arbeiten aus.

Benötigt werden:
- kleine nicht hitzeempfindliche Brennplatten
- Schamottesteine für den Unterbau
- etwa ein halber Eimer Sägespäne
- im Raum durchgetrocknetes Kiefernholz, das sich gut spalten läßt

- Glanzpapier, Schlicker
- Streichhölzer

Die Arbeiten werden auf einen Unterbau aus nicht hitzeempfindlichen Steinen gestellt und müssen schon in ihrer Form eine Pyramide ergeben. Das Ganze wird auf eine kleine Brennplatte gestellt, die auf halben Ziegelsteinen ruht. Jeder freie Zwischenraum wird mit dünnen Holzsplinten, die aus dem Kiefernholz gespalten werden, und Sägespänen ausgefüllt. Ergeben Holzsplinte und Unterbau eine ebene Außenfläche, werden dünn geschnittene Holzscheite genau in dieser Länge bis auf die Bodenfläche ganz dicht darum gestellt. Darüber kommen dann die mit Schlicker bestrichenen Lagen Glanzpapier. Sie sollten etwa 12 Lagen Glanzpapier aufschichten.

Ein Kamin und ein Feuerloch sind ausreichend, um das Ganze zu zünden.

Nachdem sich die Rauchschwaden verzogen haben, sticht eine rote Flamme aus dem Papierkegel. Diese Flamme muß mit kleinen, ganz trockenen Holzsplinten gefüttert werden. Deshalb sollte vor Brandbeginn ein größerer Vorrat bereitgelegt werden. Der Blick in den Schlund hilft, die „Fütterung" genau zu plazieren. Eine Brenntemperatur, bei der die Arbeiten glühen, erreichen Sie jedoch nur, wenn das Holz wirklich zimmergetrocknet ist. Jede Feuchtigkeit

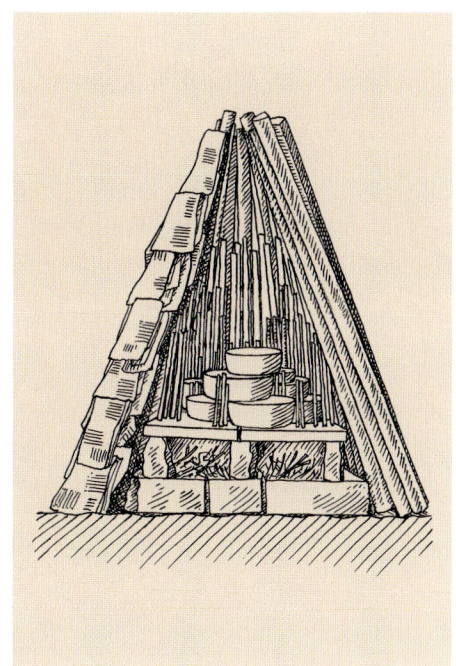

Kleiner Papierofen. Aus kleinen Brennplatten, die als Basis nur einen Luftzug sichern sollen, und Gefäßen entsteht eine Pyramide, die dicht von Kiefernholzsplinten umschlossen ist. Die Schlickerpapierhülle läßt die entstehende Hitze nicht nach außen dringen.

Der Papierofen braucht viele Erbauer und einen geduldigen Wächter (Blick in einen halbfertigen Ofen).

macht sich mit Rauch bemerkbar.

Für den Anfänger ist es lohnend, niedrig schmelzende Alkaliglasuren auszuprobieren und ihre Reaktionen zu beobachten. Eine Reduktion entsteht, wenn der Papierkegel nach dem Brand einige Zeit verschlossen ruht.

Eine stärkere Rauchentwicklung und somit kräftigere Reduktion erreichen Sie mit feuchten Spänen. Diese werden vor dem Verschließen der Öffnungen hineingeworfen.

Beachten Sie dabei: Tiefenreduktionen brauchen mindestens eine Nacht Zeit.

Kleine Papieröfen eignen sich für erstaunlich hohe Brenntemperaturen. Eine Möglichkeit niedrig schmelzende Alkaliglasuren auszuprobieren.

Der Kaminbrand

Benötigt werden:

- etwa 80 einfache Ziegelsteine
- Säge- oder Hobelspäne
- Zeitungspapier
- eine feuerfeste Abdeckplatte entsprechend der oberen Öffnung
- Streichhölzer

Wie beim Schornsteinbau werden Ziegel übereinander geschichtet. Dabei sollten Sie auf möglichst schmale Fugen und einen guten Halt der Steine achten. Bindemittel werden nicht verwendet. Steht dieser Kamin, seine Höhe sollte eine Armlänge nicht überschreiten, wird der Boden mit Sägespänen in einer Schicht von 20 cm Höhe bedeckt. Darauf wird das erste Brenngut gebettet. Dieses sollte wieder mit Spänen gefüllt sein und darf auf keinen Fall die Wand des Kamins berühren. Gutes, aber nicht zu festes Stopfen verhindert ein schnelles Verrutschen während des Brandes. Über jeder Schicht Brenngut folgt nun wieder eine Schicht Späne, bis der Kamin fast gefüllt ist. Obenauf wird eine Schicht geknülltes Zeitungspapier gelegt. Dann wird das Ganze mit einer gut abschließenden, nicht brennbaren Platte verschlossen. Wenn Sie das Zeitungspapier angebrannt haben, müssen Sie den Brand so lange beobachten, bis die ersten Späne glühen. Dann bleibt der Kamin für viele Stunden verschlossen und raucht mächtig. Tut

In einem aus Ziegelsteinen gut gesetzten Kamin werden Schalen, Dosen und kleine Figuren schwarz gebrannt. Polierte Arbeiten haben ihren besonderen Reiz.

er das zu stark in eine Richtung, bekommt er zu viel Zug von der anderen Seite. Ein nicht zu nah gesetzter Windschutz kann Abhilfe schaffen.

Öffnen Sie den Kamin erst, wenn Sie sicher sein können, daß er bis zum Boden durchgeglüht ist. Das können Sie an der Wand erfühlen, wobei Sie mit einer Wartezeit von 12 und mehr Stunden rechnen müssen.

Mit diesem Ofen haben wir bisher guten Erfolg gehabt. Es gehen kaum Arbeiten kaputt. Das Brenngut kann dicht ineinandergestopft werden, und es besteht wenig Gefahr für das Umfeld, da der Kamin stabil steht und die Steine einen guten Schutz bieten.

Der Rakubrand

Bei dieser Brenntechnik geht es nicht mehr um einen Schwarzbrand. Die Rakutechnik erfordert eine intensive Auseinandersetzung mit den Eigenschaften des Tons, den speziellen Glasuren und dem Feuer. Wir raten deshalb allen, die sich dieser faszinierenden Technik nähern wollen, im Literaturverzeichnis vertiefenden Rat und Anregungen zu suchen und vielleicht einen von der Industrie angebotenen Ofen zu wählen.

Beim Raku werden mit einer Holz- oder Gasfeuerung die Glasuren geschmolzen. Für diesen Zweck werden solche Glasuren ausgewählt, deren Schmelzpunkt bei 900 bis 1 080 °C liegt und die sich für einen Reduktionsbrand eignen. Mit kupferoxid- und eisenoxidhaltigen Alkaliglasuren werden Sie immer Erfolg haben. Zum geschwärzten Ton steht eine weiße Zinnglasur im kräftigen reizvollen Kontrast.

Noch heute werden in Japan Teeschalen geformt – dickwandige Daumenschalen, die glasiert und reduzierend gebrannt werden. Das ist eine Zeremonie, die viel mit Meditation und unsichtbaren Kräften zu tun hat, und eine so behandelte Tonschale zu einem ganz persönlichen Erlebnis werden läßt. Dies, „Raku" genannt, bedeutet sinngemäß „Freude an der Muse".

Für den Reduktionsbrand müssen die geschrühten Keramiken aus schamottiertem Ton sehr stabil gebaut sein. Starke Unterschiede in der Wandung oder unsauber befestigte Teile, die den Schrühbrand noch überstanden haben, können zum Platzen im Reduktionsofen führen, denn die Arbeiten werden unmittelbar in die Ofenglut gesetzt und glühend aus dem Ofen genommen. Das Glasieren sollte bereits am Tag vor dem Brand erfolgen, damit kein Restwasser im Scherben ist. Jede Arbeit muß vor ihrem Brand zum Vorwärmen auf den heißen Ofen gestellt werden.

Wollen Sie selbst einen Ofen bauen, werden Sie einige Brände benötigen, um zu brauchbaren Ergebnissen zu gelangen. Bei jeder Konstruktion muß von einem großen Feuerraum im Verhältnis zu einem kleineren Brennraum ausgegangen werden. Mit einer Veränderung des Kamins oder Verkleinerung der Brennkammer ist es häufig möglich, die Brennergebnisse zu verbessern, wenn Sie damit noch nicht zufrieden waren.

Das Geheimnis bleibt aber immer der kräftige Zug der Flamme von der Feuerung über das Brenngut in den Schornstein.

Unsere Ofenkonstruktion haben wir in einer Skizze verdeutlicht.

Beim Bauen sollten Sie immer wieder prüfen, ob der Ofen gut isoliert und in allen Teilen sehr stabil gebaut ist, damit er die extrem hohen Temperaturen erreichen und aushalten kann.

Aschekammer und Feuerung haben getrennte Türen erhalten. Dadurch läßt sich das Feuer besser regulieren. Ist die Feuerkammer hoch, sollte das Feuerloch trotzdem klein gehalten werden, sonst entsteht nicht genügend Hitze.

Ratsam ist es, die Konstruktion des Ofens so zu wählen, daß Korrekturen nach dem ersten Brand ohne einen totalen Umbau möglich sind. So läßt sich beispielsweise die schräge Platte von der Feuerung zur Brennkammer so einbauen, daß sich der Spalt durch Bewegen des hinteren Mauersteines in der Breite verändern läßt. Das kann bedeutend für die Flammenführung sein, denn durch diesen Spalt von etwa 10 cm muß sich die Flamme zwängen – so wird die Energie gebündelt.

Der Abzug, hier ein Ofenrohr, befindet sich über dem Feuerloch, so daß die Flamme überschlagend, das Brenngut umzüngelnd, in den Schornstein fährt. Wichtig ist es nun, die Flamme zu zwingen, auch den Boden der Brennkammer zu bestreichen. Dies gelingt, indem vor den Schornstein eine Wand gesetzt wird, die der Flamme den Abzug nur über den Boden gewährt. Die Spaltgröße ist Erfahrungssache, gut also, wenn Sie diese nach dem ersten Brand bei Bedarf verändern können. Wichtig ist, daß nach dieser Verengung sofort der Eintritt in den Schornstein möglich ist. Kann sich die Flamme ausbreiten, und es fehlt an Zug, verrußen die Arbeiten in der Brennkammer. Das Ofenrohr läßt sich in seiner Länge am leichtesten variieren. Der Durchmesser des Schornsteines sollte nicht zu eng sein, er muß der Flamme genügend Raum zum Austritt geben, wenn sie denn bis dorthin vorgestoßen ist.

Ein gewölbtes Dach wirkt sich immer gut auf die Flammenführung aus, macht aber andere Ausbauten etwas komplizierter. Haben Sie gute Erfahrungen mit dem Lehmbackofen gemacht, können Sie das Gewölbe nach dem gleichen Prinzip bauen. Es muß aber sehr stabil sein. Deshalb würde sich in diesem Fall

Beim Arbeiten mit einem industriellen Rakuofen können viele Freunde der Keramik ohne großen Aufwand einbezogen werden.

Die glühenden Keramiken werden mit Zangen aus dem Ofen gehoben. Die Reduktion erfolgt dann in mit Laub oder Spänen gefüllten Gefäßen, die eine Stunde verschlossen bleiben.

101

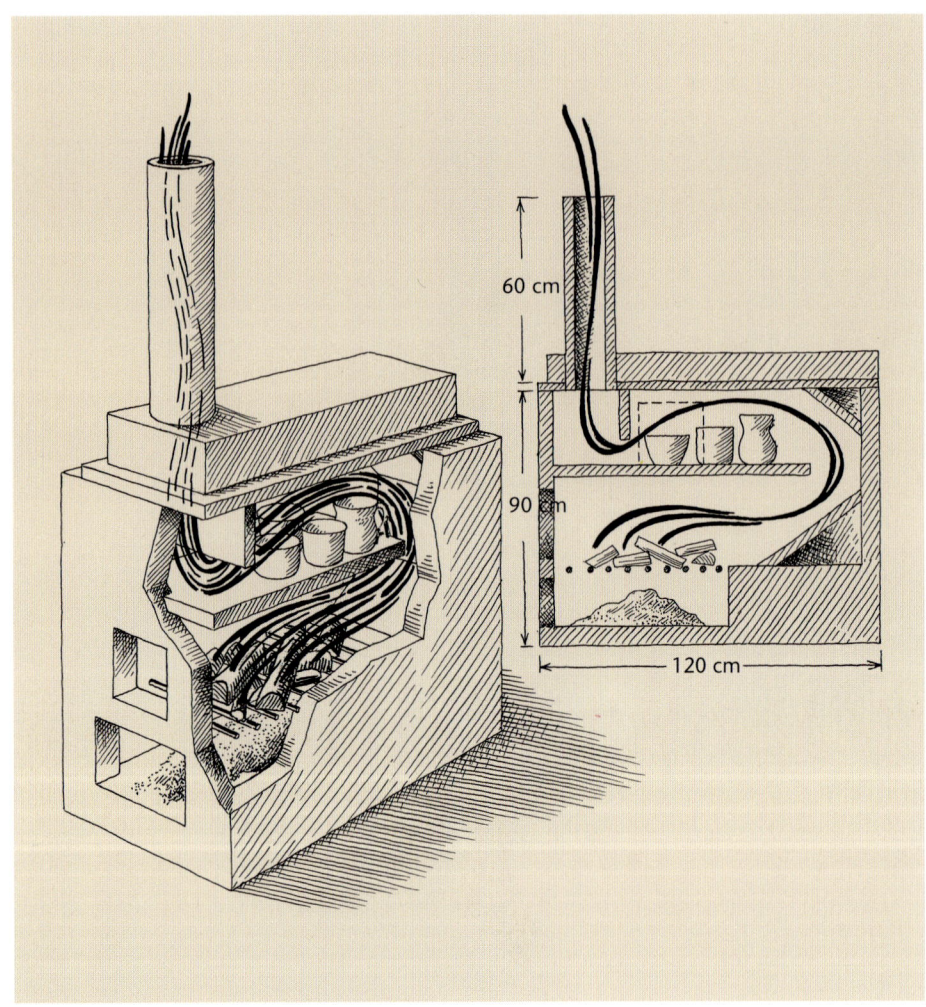

60 cm

90 cm

120 cm

Mit dem Prinzip der überschlagenden Flamme sind gute Rakuergebnisse zu erzielen. Ob ein solcher Ofen die hohen Temperaturen erreicht, hängt von der ausgewogenen Konstruktion, der Isolation und der konzentrierten Feuerung ab.

die Verwendung von Gewölbeziegeln empfehlen.

Eine Schräge von der Brennkammer zur Deckenplatte in Form einer Gegenbewegung zur Schräge von der Feuerung zur Brennkammer kann aber auch schon genügen.

Nun zur Tür für die Brennkammer. Zwei Ziegel oder ein Gasbetonstein, auf die richtige Größe geschnitten, können diesen Zweck erfüllen. Lassen Sie sich Griffe einfallen, die nicht verbrennen und groß genug zum Anfassen mit Schutzhandschuhen sind.

Am besten ist eine Tür, die aus einem geschweißten Rahmen und Schamottesteinen besteht. Eine so isolierte Tür läßt sich bei entsprechendem Scharnier auch während des Brandes problemlos öffnen.

Für den Bau eines Ofens gibt es natürlich so viele Bauanleitungen, wie es Rakuenthusiasten gibt.

Der Erfolg des Brandes liegt nach unserer Erfahrung nicht nur an der Ofenkonstruktion. Genauso wichtig ist die Brandführung. Sie muß über viele Stunden in den Händen einer gewissenhaften Person liegen, die ihren Platz nur selten verlassen kann.

Bevor Sie den fertig gebauten Rakuofen in Gang setzen, werden die ersten Keramiken in den Ofen gesetzt.

Der Brand wird langsam mit kleineren Holzscheiten begonnen, auf diese Weise wird der Ofen vorgewärmt. Dann folgen Latten, die in

Arbeiten aus dem Rakubrand können sehr vielfältig sein, denn jede neue Verbindung von Ton, Glasur und Reduktionsmittel führt zu anderen Ergebnissen.

Ein schwarzes Innenleben – Ergebnis der Reduktion in den Holzspänen – im Kontrast zum Farbenspiel der Glasuren.

103

etwa die Länge des Feuerraumes haben. Mit ihnen wird die Kammer so gefeuert, daß sich an der hinteren Wand eine Feuerwand bildet, die gleichmäßig durch den Spalt nach oben zieht. Beim Nachlegen ist immer darauf zu achten, daß diese Feuerwand keine Lücken erhält und sich nur lodernd brennendes oder glühendes Holz im Feuerraum befindet. Gegebenenfalls sollte auch Asche entfernt werden.

Die abenteuerlichste Phase eines Rakubrandes beginnt, wenn die Arbeiten im Ofen so hoch gebrannt sind, daß die Glasuren ausgeschmolzen sind. Mit einer Zange werden sie nun glühend herausgenommen und in vorbereitete Metallgefäße gegeben, die mit Deckeln verschlossen werden.

In diesen Gefäßen, z.B. alten Waschkesseln, befinden sich beispielsweise Späne, Zeitungspapier oder Laub. Sie können eigentlich alles ausprobieren, von dem Sie sich eine Reaktion auf den Rakuglasuren versprechen.

Den Qualm müssen Sie einfach ertragen, auch wenn er kräftig in den Augen zwickt. Dagegen helfen Gasmasken, wenn Sie sich häufiger mit dieser Technik beschäftigen.

Haben die Keramiken etwa eine Stunde in ihren Behältern gelegen, werden sie mit Zangen herausgehoben und in eine Wasserwanne gegeben. Mit Drahtbürste und Scheuersand werden nun die organischen Brennrückstände auf der Oberfläche beseitigt.

Und während des ganzen Tages und Abends strengt man sich an, damit alles gelingt, sitzt beieinander. Der Ofen bestimmt den Rhythmus der Arbeit. Für alle, die sich an Keramik erfreuen, sind solche Tage der Gemeinsamkeit die Höhepunkte des Jahres.

Dank

Wir danken:
- unseren Meistern, daß sie uns so viel über den Ton und seine Gestaltung lehrten.
- unseren Müttern, daß wir heute anderen das geben können, was wir von ihnen bekommen haben.
- unseren Männern, daß sie uns mit ihrer Liebe den Rücken für unsere Arbeit stärken.

Dank auch all denen, die mit uns arbeiten, sich in unseren Werkstätten wohlfühlen und uns ihre Arbeitsergebnisse für die Aufnahmen in diesem Buch zur Verfügung stellten:

Arbeitsgemeinschaft Keramik der Jugendkunstschule „Schloß Albrechtsberg", Jugendamt der Stadt Dresden: Archiv 16 (rechts), 17, 74, 78, 80, 81, 83, 85 (links), 87 (unten); Ines Bahnert, Anna Bönisch, Susann Kühne 76; Marie Fiedler 13; Cornelia Freitag 87; Anni Gommlich 16 (links); Julia Gräfe 69, 71, 81; Alice Kube 81; Susann Kühne 79; Franziska Pankratz 15; Thomas Sähn 75; Britta Schulze 86; Anja Sommer 14; Franziska Beck, Dresden: 32; Frauenbildungszentrum „Hilfe zur Selbsthilfe" e.V., Lehmplastikkurs, Dresden: 34;

Anne Jahn/Marietheres Schulze, Dresden: 85;

Hannes und Peter Florstedt, Dresden: 50;

Thomas Gottschalk, Dresden: 81 (unten);

Jugendkunstschule „Schloß Albrechtsberg", Jugendamt der Stadt Dresden: 40;

Kindergarten der Stadt Dresden, Huttenstraße: 41, 44;

Kindergarten der Stadt Dresden, Löwenstraße: 57;

Klasse 3a der Grundschule Storkow: 55;

Kerstin Reetz-Schulz/Heike Kronschwitz, Dresden: 58;

Birgit Schmidtsdorf/Iris Florstedt, Dresden: 51;

Schüler der 56. Mittelschule, Dresden: 60;

Sozialpädagogisches Fortbildungswerk, Brandenburg: 28, 29, 31 (links), 49, 59;

Station „Junger Naturforscher und Techniker", Storkow: 45, 46;

Theater „Junge Generation", Dresden: 8, 31 (Mitte und rechts);

Constanze Wittwer, Dresden: 103 (oben).

Anhang

Literatur

BRAEM, H. und HEIL, C.: Die Sprache der Formen. Langen-Müller Verlag, München 1990.

COLBECK, J.: Dekorationstechniken beim Töpfern. Augustus Verlag, Augsburg 1990.

COURTNEY-CLARKE, M.: Die Farben Afrikas. Die Kunst der Frauen von Mauretanien, Senegal, Mali, Elfenbeinküste, Burkima Faso, Ghana, Nigeria. Federking und Thaler GmbH, München 1993.

GEBAUER, W.: Kunsthandwerkliche Keramik. Fachbuchverlag Leipzig, Leipzig 1982.

HOFFMANN, A.: Ton. Finden – Formen – Brennen. DuMont Buchverlag, Köln 1982.

IBG Bauernhaus e.V./Niedersächsischer Heimatbund e.V.: Was wie machen? Instandsetzen und Erhalten alter Bausubstanz. Unter Verwendung von Beiträgen aus „Der Holznagel" 1973 bis 1989.

KEPPLER, M.und LEMCKE, T.: Mit Lehm gebaut: Ein Lehmhaus im Selbstbau. Block-Verlag, München 1985.

LESZNER, T. und STEIN, I.: Lehmfachwerk – Alte Technik neu entdeckt. Verlagsgesellschaft Rudolf Müller GmbH, Köln 1987.

MINKE, G.: Lehmbau Handbuch. Der Baustoff Lehm und seine Anwendung. Ökobuch, Staufen bei Freiburg 1995.

NIEMEYER, R.: Der Lehmbau und seine praktische Anwendung. Ökobuch, Staufen bei Freiburg 1982.

RADA, P.: Die Techniken der Keramik. Verlag Werner Dausien, Hanau 1989.

SCHILLBERG, K.: Naturbaustoff Lehm. Moderne Lehmbautechniken in der Praxis – Bauen und Sanieren mit Naturmaterialien. AT Verlag, Arau/Schweiz 1993.

STORR-BRITZ, H.: Keramik dekorieren. Otto Maier Verlag, Ravensburg 1982.

WEBER, J.: Gestalt – Bewegung – Farbe. Hentschelverlag, Berlin 1978.

WEISS, G.: Keramik-Lexikon. Ullstein Verlag, Berlin 1991.

WEISS, G.: Freude an Keramik. Ullstein Verlag, Berlin 1993.

WEISS, G.: Alte Keramik neu entdeckt. Ullstein Verlag, Berlin 1985.

WOODY, E. S.: Das Aufbauen keramischer Formen. Hörnemann-Verlag, Bielefeld 1981.

Wer sich weiter informieren möchte, dem empfehlen die Autorinnen:

ANDREWS, T.: Raku. Haupt-Verlag, Bern 1997.

GAWLICK, H.: Eigen backt Brot. Brotbacken auf dem Lande in Mecklenburg. Volkskulturinstitut Mecklenburg und Vorpommern im Kulturbund e.V., Rostock 1992.

LANDER, H. und NIERMANN, M.: Lehmarchitektur in Spanien und Afrika. Karl Robert Langewiesche Nachfolger Hans Köster KG, Königstein im Taunus 1980.

MATTHES, W. E.: Keramische Glasuren. Augustus Verlag, Augsburg 1997.

MERZENICH, M. und THIER, E.: Brot backen – Traditionelles aus dem Holzbackofen. Ulmer Verlag, Stuttgart 1996.

SCHULZ, B. und ZITZMANN, L.: Grundlagen visueller Gestaltung. Hochschule für industrielle Formgestaltung Halle, Burg Giebichenstein (Hrsg.), Halle 1990.

Bezugsquellen

Keramikbedarf (Öfen/Technik/Massen)

In Deutschland
Fa. Gerd-Hagen Börkey
Paulsborner Straße 10
10709 Berlin

Fa. Reinhard Keitel
99428 Weimar-Niedergrunstedt

Fa. Heinz Welte
Kunftstraße 2
51103 Köln

Fa. Thomas Wolbring
Rudolf-Diestel-Straße
Gewerbegebiet
56203 Höhr-Grenzhausen

Tonindustriebedarf GmbH
Carl Jäger
Gewerbegebiet i. d. Erlen
56206 Hilgert

In den Niederlanden
Fa. Roderveld
Tramweg 11
NL-7596 NA Rossum

In Österreich
AFT Handelsgesellschaft mbH
Maria-Theresia-Straße 34
A-4600 Wels

In der Schweiz
LEHMMUUS AG
Oetlinger Straße 171
CH-4057 Basel

Lehm

ABO Uckermärkische Naturhausbau GmbH
Berliner Straße 18
16348 Groß Schönebeck

Claytec
Nettetaler Str. 106
41751 Viersen

EIWA-Lehmprodukte
Rudolf-Breitscheid-Str. 52
67655 Kaiserslautern

Fa. Lehmhaus GbR
Lettestraße 7
10437 Berlin

Fa. Lehmkluth GmbH
Am Bahnhof 2
19395 Ganztin

Lehmbauzentrum Blankenhain e.V.
Am Koberbach 32
08451 Crimmitschau

Ziegelei Huber Graupzig
Nr. 43
01623 Graupzig

Ziegeleien in der Nähe
der LeserInnen

Beratung, Betreuung und Workshops für Lehmverwendung im soziokulturellen und Baubereich allgemein:

Lehmwerkstatt des BioTop
Kümmelschänke e.V.
Kümmelschänkenweg 2
01157 Dresden
Tel. 0351/4210341

Ton und Massen

Keramikwerkstatt Bad Liebenwerda
Dresdner Straße 29
04924 Bad Liebenwerda

Georg & Schneider
GmbH & Co. KG
Bahnhofstraße 4
56427 Siershahn

Farben und Glasuren

Bidtelia Meißen GmbH
Fabrikstraße 16
01662 Meißen

BOTZ
Hafenweg 26a
48155 Münster

Naturfarben

Beeck'sche Farbenwerke
GmbH & Co. KG
Farben für Lehm „Aglaia"

Gottlieb-Daimler-Str. 4
89150 Laichingen
Tel. 07333/960711

Fa. Kreidezeit
Gerd Ziesemann
Hindenburger Str. 15-16
31195 Lammspringe
Tel. 051/565183

Öfen

Kittec Brennofen GmbH
Neuhausstraße 2-10
52078 Aachen

Padelttherm
Rochlitzstraße 80-86
04229 Leipzig

Pyrotec-Brennofenbau GmbH
Ziegelstraße 32b
49074 Osnabrück

Fa. Rohde
Bamham 18
83134 Prutting

Fa. Nabertherm
Bahnhofstraße 20
28865 Lilienthal/Bremen

Literatur

Fachbuchhandlung
Hanusch & Ecker
Westerwaldstr. 1
56203 Höhr-Grenzhausen

Register

A

Abfallverwertung 63
Anstriche für Lehm 61 f.
–, Außen 61 f.
–, Innen 61 f.
Anzeigerpflanzen 11
Arbeitsgeräte 64 ff.
Arbeitshygiene 66, 84
Arbeitsplatz 64
Astgeflechte 35, 37 ff., 43, 53
Auelehm 9
Aufbaumassen 64
Aufbautechniken bei Ton 66 ff.
Aufbereitung von Lehm 22 f.
– von Ton 63
Ausfachen 43 ff.
– mit Steinen 46
– mit Weiden 43

B

Backen 56
Backöfen 47 ff.
–, Türen 47
–, Wetterschutz 47 ff.
Begießen 83
Berglehm 7
Bildsamkeit 64
Bindigkeit von Lehm 7 ff.
– von Ton 7 ff., 11
Brennen im Freien 91 ff.
Brennfarbe 10, 64
Brennfehler 89
Brennhilfsmittel 90

Brenntemperatur 64, 88 ff.

D

Dachüberstand 43
Daumenschale 66 ff.
Dekorfarben 65, 84
Dichte des Scherbens 64
Dreieck 19

E

Einsetzen der Ware 88 ff., 94, 96 f., 99 f.
Einsumpfen von Lehm 22
Elektroofen 88
Engobe 65, 81 f.
Engobetechniken 81 ff.

F

Farben, keramische 81 ff.
–, Lehm 58 ff.
–, Ton 10, 64, 78
Faserstoffe 24 f.
Fayence 87 f.
Feuerführung 97, 100, 102 ff.
Flachrelief 21, 25 f., 77 ff.
Formbarkeit von Lehm 9, 11
– von Ton 11, 64
Formgebung 66 ff.
Freibrandöfen 91 ff.
Fundorte 7 ff.

G

Gasöfen 88, 100 f.
Geschiebelehm 7
Gestaltungsideen 12 ff.
Gips 63, 65

Gipsformen 77
Glasieren 86 f.
Glasurauftrag 83 ff.
Glasurbrand (Glattbrand) 89 f.
Glasuren 65 f., 84 ff.
Grünlinge 22

H

Halbrelief 21, 79
Hangofen 50
Heu-Lehm-Gemisch 24
Hochrelief 21, 28, 79 f.
Holzhackschnitzel-Lehm-Gemisch 24
Holzkonstruktion 28 ff., 34, 43 ff.
Holzspan-Lehm-Gemisch 24
Holzständerwerk 43 ff.
Hüttenzelt 58

K

Kalk-Kasein-Anstriche 61 f.
Kaminbrand 99 f.
Kaolin 7, 9, 83, 90
Kasein 61
Kaseinfarbe 61
Kaseintempera 62
Kaufmannsladen 58
Keramik 88
Kneten 63
Kubus 18 f.
Kugel 18 f.

L

Leberblümchen 11
Lederhärte 75, 83
Lehm, Aufbereitung 22
–, Eigenschaften 11, 22

–, Prüfverfahren 22
–, Raumklima 36
–, Vorkommen 7 ff.
–, Zusammensetzung 7 ff.
Lehmbrote 23 f.
Lehmklumpen 23 f.
Lehmmörtel 23 f., 41, 46
Lehmplastik 23 ff.
Lehmputz 23 f., 46
Lehmsteine 23 f., 46
Leichtlehm 23, 39
Lößlehm 9
Lufteinschlüsse 63, 73, 76, 89
Lungenkraut 11

M

Magerungsmittel für Lehm 22
Malhörnchen 83
Marmorierung 82 f.
Masse 64 f.
Mauken 64
Meiler 92 ff.
Mischungsverhältnis bei Lehm 23 f.
Muldenbrand 94 f.
Murmelbahn 58

O

Oberflächenspannung 82
Öfen, keramische 88 ff.
Ofentüren für Backöfen 47
Oxidationsbrand 64
Oxide 7, 9, 81, 83 f.

P

Papieröfen 96 ff.
Plastik aus Lehm 19 ff., 25

– aus Ton 19 ff.
Plastizität 7
Plattentechnik 70 ff.
Polieren 91
Porzellan 7, 64
Primärtone 7
Prüfverfahren für Lehm 22
Puppenhaus 58
Putz aus Lehm 23 f., 46
Putzträger 27

R
Raku 100 ff.
Rakubrand 100 ff.
Rakuofen 100 ff.
Raumklima, Beeinflussung
　durch Lehm 23, 36
Reduktionsbrand 91 ff., 98,
　100 ff.
Relief, allgemein 21 ff.
–, Lehm 25 ff.
–, Ton 77 ff.
Resteglasur 65
Rißbildung bei Lehm 23,
　40
Ritzen 77 f.

S
Sägespan-Lehm-Gemisch 24
Sand 23
Sand-Lehm-Gemisch 23
Schamotte 64
Scherben 84
Schlicker 65, 68
Schmelzen 90
Schneiden 65, 70, 77 ff.
Schrühbrand 89
Schwämmeln 82 f.
Schwarzbrand 91 ff.

Schwarzkeramik 91, 96
Schwelbrand 91 ff.
Schwemmlehm 9
Schwerlehm 23, 41, 50 ff.
Schwindung 68, 72, 74,
　78, 88
Sekundärtone 7
Sintern 64, 82
Spritzwasserschutz 49
Stakenfachwerk 45 f.
Steingutton 9
Steinzeugton 9
Stroh-Lehm-Gemisch 24 ff.
Strohhäcksel-Lehm-
　Gemisch 24
Strohleichtlehm 23 f.
Stempeln 77
Sumpfen von Lehm 22

T
Tauchen 83
Terrakotta 81
Tetraeder 19 f.
Tonabscheider 65
Tone, Zusammensetzung
　9 ff., 64
Tonminerale 7 ff.
Tonschneider 63
Toplader 88
Trockenregal 65
Trockenrisse 68, 70, 73
Trocknen 63 f., 75 f., 78 ff.,
　82, 88 f.

U
Unterglasurmalerei 83 f.

V
Viereck 18 f.

W
Werkzeug für Ton 64 f.
Wetterbeständigkeit von
　Lehm 10
Wintern 63
Witterungsschutz bei
　Lehm 38, 40, 42 f., 61 f.
– für Öfen 47 ff.
– für Spielhäuschen 38,
40, 42 f.
Wulsttechnik 68 ff.

Z
Ziegelton 9

Bildquellen

Die Zeichnungen nach Vorlagen der Autorinnen stammen von Lutz-E. Müller, Leipzig.

Die Fotos wurden aufgenommen von:
Iris Florstedt, Dresden: 8, 26, 28, 30, 31 (links und Mitte), 32, 33, 41, 45, 46, 49, 50, 51, 55 (oben), 59, 85 (rechts), Rückseite (oben Mitte);
Jennifer Horeni, Dresden: 13, 14, 16 (rechts), 38, 69 (links), 71 (links), 72, 73, 76, 78 (unten), 79, 80, 81 (2), 83, 85 (links), 87 (oben), 90, 95, 101 (2);
Kathrin Laux, Dresden: Titelbild (oben), 10, 14 (oben), 15, 16 (links), 19, 20 (2), 31, (rechts), 34, 40, 44, 55 (unten), 57, 58, 67 (2), 69 (rechts), 71 (rechts), 74, 75, 77, 78 (oben), 82 (3), 86 (5), 87 (unten), 93 (2), 97, 98, 99, 103 (2);
Hermann Thomas, Dresden: 17, 60.